Martine Quesnoy-Moreau

Secrets intimes
Secrets de famille ?
Ces secrets qui en disent long !

Comprendre les personnes

l'essentiel

Chronique Sociale
7, rue du Plat – 69002 Lyon
Tél. : 04 78 37 22 12

Secrets intimes
Secrets de famille ?

À mes grands-parents,

À mes parents,

À Denis,

À Céline.

Remerciements

Je remercie toutes les personnes qui m'ont accordé leur confiance à travers les témoignages de leurs secrets les plus intimes et leurs secrets de famille.

Je remercie Chantal Rodet, de l'Institut des Sciences de la famille de Lyon. Ses conseils éclairés et ses appréciations concernant la qualité de mon travail lors de l'élaboration de mon mémoire « Les effets des secrets » m'ont particulièrement stimulé pour écrire ce livre.

J'ai beaucoup apprécié les encouragements d'Albert Donval, de Jean-Michel Démolière, de Jean-Luc Mermet et d'André Soutrenon. L'aide de Christine Mollaret pour ses annotations précises lors de la relecture de cet ouvrage fut précieuse pour moi.

Pour toutes ces rencontres vivifiantes et stimulantes autour de la question des secrets, je vous remercie. Je pense particulièrement à Joelle Benhamou, Valérie Fabre, Catherine Doppler, Marie-Joelle Fargette, Hélène Micollet, sans oublier Isabelle Démolière, Sylvie Bouteille, Jean-Max Guesdon, Brigitte Butteaud, Odile Penot et Marie Dode-Ventura.

Au moment de terminer ce livre, mes pensées vont vers Alain, mon compagnon de toujours. Sa présence, sa disponibilité auprès de nos enfants pendant ce temps d'écriture, ses remarques pertinentes et sa foi en mes capacités m'ont toujours soutenu.

À Léa et Mahé, pour tous les doux secrets que nous partageons ensemble.

Préface

Entre désirs de transparence et conduites d'opacité une société toujours oscille, allant selon les moments et selon les opportunités d'un extrême à l'autre. Ainsi fonctionnent les institutions, les groupes, les familles elles-mêmes, et le destin des personnes en est profondément marqué. Aujourd'hui, dans la société dite de communication, l'idéologie de la transparence ne manque ni de voix pour la promouvoir, ni d'oreilles pour la recevoir. Comme si l'idéal était de tout montrer et de tout voir, de tout dire et se dire, de ne rien tenir momentanément ou définitivement caché ou tu. On fait comme si la transparence était l'ultime critère de la vérité.

En réalité, les faits sont têtus et finissent toujours par débusquer les faux-semblants de ces discours de transparence, mettant à jour des opacités jusque là soigneusement cachées ou tues. C'est ainsi que font et refont périodiquement surface ce que l'on appelle pudiquement des affaires, que ce soient des affaires politico-financières, des affaires de mœurs ou des affaires de famille. À croire que l'idéal de transparence n'est à ce point mis en avant que pour mieux cacher ce qui doit rester opaque.

Voici un ouvrage qui, dans un premier temps, prend délibérément le contre-pied de l'idéal ambiant de la transparence et fait **l'éloge du secret**. Du secret intime. Il n'est jamais bon de ne rien garder pour soi, de se vider jusqu'au risque majeur de l'hémorragie, de se répandre à l'extérieur au point de ne rien contenir à l'intérieur. La capacité à garder des secrets est précieuse. Elle n'est rien de moins que la capacité à penser, à sentir, à agir et à parler à la première personne. Cette capacité s'acquiert dès le plus jeune âge quand les parents et les premiers éducateurs ne se montrent pas intrusifs à l'égard de l'enfant. Précieuse acquisition pour la suite de la vie, à commencer par l'adolescence. Il y a une légitimité du secret adolescent comme il y a une légitimité du secret adulte, tout simplement parce qu'il y a une **légitimité de l'intime** en toute personne humaine.

Une chose est le droit au secret intime, autre chose un secret de famille qui pèse, inquiète, angoisse, étrangle et tue à petit feu. Ce secret là est un poids d'angoisse et de mort parce qu'au moins deux membres de la famille s'en trouvent prisonniers. Quelque chose s'est passé dans un présent récent ou dans un passé lointain, marqué de honte, de culpabilité, de souffrance rentrée. Il ne s'agit plus d'une parole intérieure librement gardée, d'une pensée à soi, mais d'un non-dit par un autre qui pèse sur soi. Un non-dit qui tue à la manière d'un poison s'infiltrant goutte à goutte, jour après jour, dans un corps familial en son entier et jusque dans les fibres les plus intimes de chacun de ses membres. Un non-dit qui fait coupure à l'intérieur de soi et à l'intérieur du groupe, comme une trahison.

Le grand mérite du présent ouvrage est de **délimiter clairement les frontières** entre le secret qui fait vivre et le secret qui empêche de vivre et parfois tue, entre le secret qui construit et le secret qui détruit. L'utilisation du film « Festen » est à cet égard judicieuse. Le lecteur voit et revoit le film dans sa vérité et dans sa cruauté comme s'il y était, en même temps qu'il entre dans la compréhension des mécanismes psychologiques qui président à la mise en place sournoise du secret de famille. Les récits de vie recueillis auprès de personnes victimes de lourds secrets de famille permettent d'entrer à l'intérieur de ce qu'ils ressentent, de ce qui les torture, de ce qui les empêche d'en parler en clair.

L'auteur a su tendre une oreille clinique pour écouter patiemment, pour inviter à parler plus avant, pour **donner sens** à ce qui s'est passé. De cette manière le lecteur entre à son tour dans ce qu'un non-dit familial a de tragique pour celui ou celle qui en est victime.

Ce livre sera précieux pour qui a eu à vivre l'enfermement d'un secret familial ou qui a à le vivre encore. Il sera précieux aussi pour qui veut tendre son oreille et son cœur à cette souffrance si particulière, que ce soit en ami ou en professionnel. La bonne volonté ne suffit pas pour apporter une aide efficace. Il faut d'abord prendre en considération les résistances et en parler. Il faut surtout prendre toute précaution pour éviter une grave décompensation de la personne qui se risque à en parler. Une révélation brutale peut mettre en danger. Il faut du temps, de la délicatesse, de la compétence pour assurer la transition entre ce qui est resté longtemps opaque et ce qui ose venir à la lumière.

Et que me vaut le plaisir de préfacer ce livre ? Un certaine connaissance acquise de l'auteur, Martine Quesnoy-Moreau. Ce texte porte la double empreinte de son parcours de vie et de son parcours de formation, notamment au conseil conjugal et familial à l'Institut des Sciences de la Famille de Lyon. Il n'est pas si fréquent qu'une conseillère conjugale et familiale publie un livre à partir d'un mémoire rédigé pour l'obtention du diplôme. Ce travail méritait publication tant l'auteur est proche d'elle-même et des personnes qu'elle a écoutées. De surcroît, il est heureux que ce livre paraisse aux éditions Chronique Sociale, maison d'édition dont la vocation est de rester ouverte à des acteurs de la vie sociale qui désirent aussi être des auteurs dans le domaine de l'écriture.

Albert Donval
Psycho-sociologue

Introduction

Quel est le sens de la vie ?

Que sont devenus ceux qui nous ont précédés ?

Demain, qu'adviendra-t-il de nous ? De nos enfants ? Que de questions depuis la nuit des temps.

La vie ? La mort ?

Depuis toujours, je m'interroge, sur ce qui est source de vie et sur ce qui est mortifère.

Un événement personnel

Un jour, en donnant la vie, j'ai failli perdre la mienne. « Hémorragie de délivrance » m'a-t-on dit.

Qu'est-ce que cela signifiait ? Qu'est-ce que mon corps venait me dire ?

« Délivrance » ? Ce mot m'intriguait. De qui, de quoi devais-je me délivrer ?

Je l'ignorais. Toutefois, à partir de cet événement, je n'ai plus regardé la vie de la même manière.

J'ai enfin pris le temps de **me poser, de respirer, d'accueillir** ce que m'offrait la vie. J'ai pris conscience que jusqu'à présent, je marchais à côté de ma vie en m'investissant corps et âme dans la suractivité professionnelle au nom de la sécurité matérielle, mais celle-ci ne comblait jamais cette **insécurité intérieure** toujours présente.

D'où venait cette insécurité ? Cette angoisse nichée au plus profond de moi-même ?

Je cherchais désespérément une réponse…

Je décidais alors d'entreprendre un travail personnel de psychothérapie tout en reprenant des études de psychologie ainsi qu'une formation au conseil conjugal et familial.

À la fin de cette première année d'étude, je découvrais ce que je cherchais depuis toujours sans le savoir : **l'existence d'un secret de famille**.

Après sa connaissance, mon histoire s'éclairait, l'insécurité intérieure s'estompait.

J'ai continué ces études avec une sensibilité toute particulière concernant la notion de confidentialité, de secret professionnel, de respect de la parole d'autrui, de la personne humaine. J'ai pris conscience de l'absolue nécessité d'une écoute bienveillante... et de l'importance capitale de **la mise en mots pour éviter la mise en maux**.

J'ai réalisé que les secrets pouvaient être, selon les cas et les circonstances, la meilleure ou la pire des choses.

Certains servent la vie, c'est le cas des secrets intimes, d'autres la détruisent, c'est souvent le cas des secrets de famille.

Ce livre se propose de clarifier ces notions de « bons » et « mauvais » secrets et de mettre en évidence les différents mécanismes mis en œuvre par la présence d'un secret de famille. Chacun peut **prendre conscience** des effets néfastes de ce type de secrets et de leurs conséquences à travers les générations. C'est ainsi que nous pouvons contribuer à un véritable travail de prévention.

Dans un premier temps nous analyserons le film *Festen* qui nous offre cette possibilité d'un **regard extérieur** pour comprendre et analyser ce qui se joue au sein d'une famille concernée par un terrible secret. Ensuite, nous découvrirons, à partir de témoignages concrets, le **vécu intérieur** de ces personnes concernées par un secret de famille. Pour terminer, nous tenterons d'avancer vers **la révélation**, chemin de libération pour soi et les générations à venir... Le chemin est parfois long, périlleux... mais, c'est souvent le prix à payer au nom de la liberté... liberté **d'exister, d'être soi**.

Première partie

Secrets et secrets

Le sens du mot Secret

« Secret est un mot du vocabulaire courant, non du vocabulaire psychanalytique. Pour en connaître le sens, il faut consulter les dictionnaires et non l'œuvre de Freud ou le Vocabulaire de la psychanalyse *de Laplanche et Pontalis. »*[1]

Selon le petit Robert : « Le secret est un ensemble de connaissances, d'informations qui doivent être réservées à quelques-uns et que le détenteur ne doit pas révéler. »

Pour Serge Tisseron : « Un secret c'est quelque chose qui n'est pas dit. »

« Le nom Secret vient du latin secretum, *l'adjectif vient de* secretus, *participe passé du verbe* secerno *qui signifie séparer, mettre à part. Mais le verbe* se-cerno *est lui-même composé du verbe* cerno *et du préfixe se indiquant la séparation, la mise de côté.*

Le sens premier du verbe cerno *est tout à fait concret.* **Cerno *signifie*** *cribler,* ***passer au crible*** *; il désigne l'opération de tamisage du grain qui consiste à séparer, grâce au crible (en latin* cribrum*), le bon grain du résidu ou criblure (en latin* excrementum*). »*[2] ***Autrement dit séparer le bon du mauvais.***

« Des très nombreux verbes dérivés de la racine cerno,*... deux termes nous intéressent :* excerno *et* secerno. *Dans* ex-cerno, *le préfixe* ***ex*** *met l'accent sur* ***le rejet***. Excrementum, *qui désigne*

1. A. Levy, Évaluations étymologique et sémantique du mot secret, in **Nouvelle Revue de Psychanalyse n° 14**, 1976 p. 117.

2. id., p. 118.

la criblure, signifie aussi ***déchet, excrément****. Par contre, dans* se-cerno, *le préfixe* ***se*** *met l'accent sur la mise à part avec une idée de* ***conservation****.* Secerno *a donné deux termes français : sécrétion et secret. »*[3]

Deux significations bien distinctes

Le mot ***Secret****, dans ses origines, dans son étymologie, désigne deux notions totalement opposées. Il existe des secrets «* ***à rejeter*** *» car les effets peuvent être absolument catastrophiques au point d'être déstructurants, c'est souvent le cas des* ***secrets de famille****. A contrario, il existe de « bons » secrets, «* ***à conserver*** *», absolument indispensables au bon équilibre psychique de l'être humain, c'est le cas des* ***secrets personnels ou intimes****.*

Avant d'aborder les effets néfastes et déstructurants des secrets de famille, et leurs conséquences à travers les générations, je vous propose d'examiner les aspects positifs des secrets. En effet, tous les secrets ne sont pas nocifs, bien au contraire.

Comme le dit Serge Tisseron, les secrets peuvent être selon les cas ***la meilleure ou la pire des choses****.*

Il y a ceux qui génèrent de grandes souffrances et entraînent des troubles importants. Il existe également des secrets essentiels, indispensables à l'Homme car ils le structurent et le constituent, c'est le cas des secrets personnels et intimes.

3. ibid., p. 118.

Chapitre I

Les secrets structurants

I. Le secret intime

« Nous ne disons pas tout à tous et à tous moments »[4]

Il y a ce que nous gardons pour nous et ce que nous décidons de partager avec autrui **en toute liberté**.

Selon Arnaud Lévy, « *Le secret joue le rôle d'un bien précieux, de quelque chose de l'ordre du privé, du personnel. Les expressions « c'est mon secret », « le secret des dieux », « les secrets d'alcôve » insistent tout à la fois sur la notion d'appartenance et sur celle du privé.* »

« Le secret est là ce que l'individu possède en propre, ce qu'il a de plus personnel, de plus intime... »[5]

On entend dans le langage courant : c'est ma vie, c'est mon espace de liberté, **c'est mon jardin secret** ! Le secret est à la fois un lieu, un espace, un univers personnel et aussi une multitude d'idées, de pensées, de fantasmes, de vécus contenus dans ce lieu privé et personnel qui donnent accès à l'intimité. La cache secrète est inaccessible à qui que ce soit d'extérieur et ce qu'elle contient est strictement privé, personnel et confidentiel. Seul le détenteur peut, selon son bon vouloir, confier ses secrets.

« Quand un enfant vous dit : « j'ai un secret », il affirme sa différence : il a ce que vous n'avez pas et qui dépend de lui ».[6]

Le secret met une frontière entre nous et les autres. Il nous permet de construire un territoire privé infranchissable, inaccessible aux autres, sans l'accord de celui qui le détient.

4. S. Tisseron, « La filiation empoisonnée par un secret » Conférence dans le cadre du colloque Européen à l'initiative du Réseau Européen des Instituts de la Famille. La transmission dans la famille : secrets, fictions et idéaux, Lyon, Mai 2000.

5. A. Levy, op. cit., p. 121.

6. G. Maurey, **Secret, Secrets** De l'intime au collectif, De Boeck Université, 1999, pp. 18-20.

Non seulement **le secret nous appartient** mais aussi **nous constitue**. C'est ce qui nous différencie des autres, c'est ce qui fait que nous sommes nous, individu à part entière, personne unique !

Mais comment se constitue en nous, cet **espace psychique** qui nous permet d'accueillir tous nos secrets les plus intimes ? Comment se crée cet espace, lieu sacré de notre vie intérieure, nous **offrant l'accès** à une vie privée et **à une réelle intimité** ?

Un détour par la psychologie de l'enfant nous mènera à la compréhension de la constitution de cet espace psychique. Nous découvrirons qu'il se construit au fur et à mesure du développement corporel et libidinal de l'enfant.

2. La construction de l'espace psychique

« On ne naît pas homme, on le devient. »[7]

À partir de l'observation attentive des bébés, nous possédons *« un aperçu d'un modèle psychanalytique particulier du développement psychique et affectif »* de l'enfant. Les données essentielles de ce modèle nous permettent de comprendre comment se construit **l'espace psychique individuel, lieu d'accueil des secrets les plus intimes**.

Une relation naissante

Le bébé vient au monde avec une immaturité biologique évidente. Il est totalement incapable de subvenir à ses besoins fondamentaux, aussi est-il dans une **dépendance totale** par rapport au monde extérieur.
Au départ l'enfant éprouve des sensations corporelles et des états émotionnels qu'il ne peut maîtriser. L'enfant affamé par exemple va éprouver de la douleur et ressentir de la colère. Ainsi par ses pleurs et ses cris, il va communiquer sa détresse. En fait, sa totale dépendance lui permet de développer sa capacité de communication.

La demande de l'enfant éveille chez sa mère son désir de lui venir en aide et de communiquer avec lui. La mère ressent émotionnellement son bébé, elle se trouve dans un état de réceptivité maximale que Winnicot appelle la

---

7. Alexandre, IIIe siècle avant J.C.

« préoccupation maternelle primaire » *« Quand les choses vont bien, les états psychiques que le bébé fait naître chez sa mère forment le fondement d'une identification intense avec le bébé et une vive empathie avec lui »*. Ainsi, jour après jour, la mère répond aux besoins de son enfant et comme le précise Mélanie Klein, *« la rencontre et l'adéquation entre besoins pulsionnels (à l'intérieur du bébé) et l'objet extérieur (les éléments de soins maternels) aboutissent à une expérience physiquement satisfaisante, à un intérêt pour le monde extérieur mais aussi inaugure la naissance d'un développement psychique chez le nourrisson »*.[8]

L'ensemble des soins corporels apportés à l'enfant lui permet d'intégrer son corps. L'enfant se nourrit de lait mais aussi du regard de l'autre, de sa voix, de son toucher, de sa tendresse, de son attention, de sa présence : son vécu est intériorisé.

Quand le nourrisson vit des situations douloureuses, insupportables, il les **projette** à l'extérieur. La mère, capable de ressentir émotionnellement son bébé et d'accueillir ses angoisses, sert de réceptacle à la détresse de son enfant. Elle utilise son propre psychisme pour venir en aide à son petit, elle réfléchit, comprend la cause des souffrances de son bébé et l'apaise en réagissant de façon juste.

Selon Bion, cette capacité de la mère à entrer en contact avec l'état psychique du bébé et sa façon de répondre de manière adéquate aux besoins de l'enfant fait d'elle **une personne contenante**.

Ainsi l'enfant est tenu physiquement et contenu psychiquement de façon régulière dans le temps.

Tout un processus d'intériorisation se met en place. L'enfant garde en lui tout le « bon » qu'il reçoit, l'image de sa mère qui le regarde, le ressenti de son toucher, son odeur, sa voix… ainsi que sa capacité à tolérer sa détresse.

L'amorce d'une différenciation

Au cours de la première année l'enfant va se découvrir distinct de sa mère.

Le bébé vit des expériences très différentes, à la fois très positives mais aussi très négatives.

---

8. L. Miller – Ma. Rustin – Mi. Rustin – J. Shuttlworth, **L'observation attentive des bébés**, Éditions du Hublot, 1997, pp. 33-36.

« Mélanie Klein affirme que les mauvaises expériences sont mentalement clivées et isolées dans le psychisme du nourrisson, afin de les maintenir à l'écart de sa bonne relation avec sa mère. »[9]

Le bébé commence par vivre **une position** dite **schizo-paranoïde** qui se caractérise par l'incapacité du nourrisson à percevoir sa mère comme une personne totale. Il y aurait deux entités distinctes : une mère idéalement bonne et une mère persécutrice et mauvaise.

Le **clivage** lui est nécessaire pendant un certain temps, jusqu'à ce qu'il ait intériorisé suffisamment de bonnes expériences, puis l'enfant rentre dans **la position** dite **dépressive**. Du fait de son développement psychomoteur et de la répétition d'expériences positives, l'enfant vers 6-7 mois commence à avoir la notion du temps, de l'espace et expérimente que sa mère part et revient. Il saisit qu'il a affaire à la même personne, qui tantôt est disponible, gratifiante, tantôt absente et frustrante.

Quand sa mère s'absente, il ressent qu'elle lui manque, qu'il a besoin d'elle.

Il découvre **sa dépendance** et commence à saisir la diversité de ses sentiments, il peut l'aimer comme la détester, ceci va provoquer l'angoisse dépressive due à sa peur de perdre l'objet d'amour qu'est sa mère.

À ce moment-là, l'enfant comprend que sa mère a une vie propre, et réalise aussi qu'il est un être séparé d'elle. Toutefois il est capable de se rappeler intérieurement sa présence alors même qu'elle est absente. C'est une étape très importante dans le développement de l'enfant. Il accède à la prise de conscience qu'il est une personne distincte de sa mère, et *« que son psychisme est également quelque chose de distinct du monde extérieur. »*[10]

L'intériorisation de « bons » parents, d'un environnement « suffisamment bon » offre à l'enfant une réelle sécurité intérieure, une confiance de base, qui lui permettent de s'ouvrir sur le monde extérieur.

Un début d'autonomie commence

À la fin de la première année, l'enfant sait distinguer le moi du non-moi, l'intérieur de l'extérieur, sa personnalité va se mettre en place en parallèle de son évolution corporelle. L'évolution de l'enfant se réalise par stades successifs.

---

9. id., p. 59.

10. ibid., p. 70.

Françoise Dolto nous rappelle que *« en psychanalyse, on distingue successivement le stade oral, le stade anal, le stade phallique, encore appelés stades prégénitaux. Leur succède une phase de latence, viennent ensuite la puberté, et enfin le stade génital proprement dit. »*

Les stades sont fonction de l'évolution libidinale. Au fur et à mesure de son développement, l'enfant investit certaines zones de son corps qui lui procurent du plaisir. En fonction des différentes zones érogènes investies, certains modes de relations avec l'entourage vont s'instaurer. Examinons ces différents stades.

– *Le stade oral* couvre toute la première année de l'enfant.

La première satisfaction donnée à l'enfant : la tétée. Elle comble sa faim et lui procure un réel plaisir au niveau des lèvres, de la langue, du palais, de toute la bouche. Bien que d'autres sens soient sollicités, tels que l'odorat, la vue, le toucher, c'est le plaisir buccal qui prédomine. Ce **plaisir naît** au départ **d'un besoin alimentaire**, puis peu à peu l'enfant cherche à retrouver ses sensations agréables indépendamment d'un besoin physiologique et nous le voyons sucer son pouce, ses lèvres, porter un objet à la bouche…

Le temps de l'oralité est un temps de plaisir sexuel selon le sens donné par Freud à la sexualité infantile c'est-à-dire *« toute réaction corporelle de l'être humain pris dans son ensemble qui aspire au plaisir. »*[11]

De 0 à 6 mois on parle de stade oral passif, l'enfant incorpore le bon lait ainsi qu'une bonne mère (bon objet).
L'incorporation au plan corporel se nomme **introjection** au niveau psychique. À ce stade, l'enfant et la mère vivent en **symbiose**, pour l'enfant il y a une totale indifférenciation entre sa mère et lui, ils ne font qu'un.
De 6 à 12 mois on parle de stade oral actif, l'enfant découvre qu'il peut mordre et lors de frustrations dues à l'absence de sa mère ou au sevrage, il peut exprimer son mécontentement ou son agressivité. Il commence, en quelque sorte, à prendre conscience de sa dépendance.

À partir de là, l'enfant se dégage de la symbiose pour accéder à une **différenciation** entre sa mère et lui.

Au fil du temps, la zone érogène buccale cède de son importance au profit de la zone anale.

– *Le stade anal* ou sadique anal commence lorsque s'installe le contrôle sphinctérien, au cours des deuxième et troisième années de l'enfant. La défécation représente une nouvelle source de plaisir, elle se manifeste passive-

---

11. P. Marson, **25 mots clés de la Psychologie et de la Psychanalyse**, Marabout, 1993, p. 99.

ment au moment de l'expulsion ou activement lorsque l'enfant retient ses selles.

L'enfant assimile ses excréments à une partie de lui-même, c'est comme un cadeau qu'il peut donner ou refuser.
Ainsi l'enfant exprime son amour ou son hostilité. Il découvre **son pouvoir** tant autoérotique qu'affectif, il peut agir sur son propre corps ainsi que sur son entourage. Il peut serrer, relâcher, retenir, donner.

Au moment de l'éducation à la propreté, l'enfant vit une ambivalence maximale : soit accepter, faire plaisir pour recevoir l'amour de l'autre ou refuser, **dire non** pour exister.

Ainsi, l'enfant apprend l'autonomie par opposition à l'autre.

L'apprentissage de la propreté est une étape essentielle dans la construction de la personnalité de l'enfant. C'est à ce stade **que l'enfant se positionne en tant que sujet** à part entière.

Grâce au langage, **il peut dire non**. *« Ce non introduit une frontière, une limite entre la mère et l'enfant, frontière qui marque les territoires de leurs pouvoirs respectifs. »*[12]

Il est primordial que cet apprentissage se réalise quand le développement psychomoteur de l'enfant le permet.
Si cette étape est abordée de façon trop précoce, l'enfant « fera » selon l'exigence de l'autre, et ne pourra pas différencier son désir de celui de sa mère. Il restera dans la dépendance à l'autre.

Quand l'enfant est prêt, il prend une part active dans cet apprentissage de la propreté, et dans la maîtrise de son corps. Il peut dire oui ou non à la demande qui lui est faite, il devient de plus en plus autonome. La frontière entre soi et non-soi se consolide.

Dans la mesure où l'enfant acquiert à la fois la maîtrise sphinctérienne, la marche et le langage, son autonomie personnelle ne cesse d'augmenter. Il devient de plus en plus actif et **affirme son moi à ses yeux et à ceux d'autrui**.

Grâce à l'identification, l'enfant **intériorise** des modèles, des comportements, des règles et s'ouvre ainsi à la socialisation. L'entrée à l'école va lui permettre de s'ouvrir à un monde nouveau, il va découvrir de nouvelles personnes… **le temps des petits secrets approche**.

---

18. C. Delassus, **Le secret ou l'intelligence interdite**, Éditions Hommes et Perspectives, 1993, p. 75.

Dès que l'enfant a intégré la propreté, c'est-à-dire qu'il a fait des règles extérieures ses règles internes, la zone anale perd de son importance et l'enfant se tourne vers une nouvelle zone érogène : ses organes génitaux.

– Nous arrivons au *stade phallique*, sensiblement entre 3 et 5 ans.

Cette phase précède et annonce la phase œdipienne. L'enfant découvre son sexe, le petit garçon prend plaisir à toucher son pénis, la petite fille éprouve du plaisir en caressant son clitoris.
L'enfant découvre l'autre sexe. Tous deux découvrent la différence des sexes mais ne perçoivent qu'un organe sexuel : le pénis. L'organe sexuel masculin réel est fantasmé de façon à devenir un symbole de pouvoir, de puissance narcissique. Cet objet fantasmé est nommé phallus.
Au début de cette phase phallique, il y a un déni de la différence, la petite fille pense que « ça » va pousser et le petit garçon voit en l'absence de pénis chez la fille, une privation. Les objets ne sont investis qu'en fonction de leur valeur phallique.

C'est une période d'affirmation de soi, de curiosité intense : l'enfant veut savoir comment il a été conçu, comment il est venu au monde, comment sont « faits » son père et sa mère, etc. C'est un moment de grande curiosité sexuelle.

Vers environ 5 ans, l'enfant est attiré par le parent de sexe opposé et ressent l'envie d'éliminer le parent du même sexe (son rival).

– *La phase œdipienne* se met en place.

L'enfant prend conscience qu'il **n'est pas tout** pour sa mère, que son père existe et qu'il n'est pas le seul objet d'amour et le seul centre d'intérêt de sa mère. L'enfant sort petit à petit de la relation duelle, et la relation triangulaire s'installe.

Le complexe d'Œdipe va ouvrir à **la différence** et à **l'individuation**.

Le petit garçon désire posséder sa maman, l'avoir pour lui tout seul ! Il s'identifie à son père, il prend des allures d'homme, veut remplacer ce rival gênant. Autrement dit l'attrait pour sa mère va de pair avec une hostilité envers son père. Il a peur à ce moment-là que toute son agressivité se retourne contre lui, il craint des représailles de la part de son père, il imagine que son châtiment pourrait se traduire par la castration d'où **l'angoisse de castration**. L'enfant va intérioriser l'interdit de l'inceste et renoncer à son désir envers sa mère (objet incestueux).

La petite fille a pour premier objet d'amour, sa maman. Cependant, la fillette vit de nombreuses déceptions : le sevrage, l'apprentissage de la propreté, l'arrivée éventuelle d'un autre enfant dans la famille. Selon Freud, la petite fille pense qu'elle avait un pénis et que sa mère le lui a enlevé, d'où son **complexe de castration**. Elle va donc se tourner vers son père pour combler son manque et le transformer en désir d'enfant. Elle va devenir séductrice, va s'identifier à sa mère pour « posséder » son père. L'énoncé de la loi de l'interdit de l'inceste fait que la petite fille culpabilise, et plutôt que de perdre l'amour de sa mère, elle renonce à ses désirs incestueux.

L'œdipe est structurant car il énonce clairement **la différence des sexes et des générations**.

L'enfant comprend que certains lieux lui sont interdits, que des « choses » cachées se vivent sans lui, que les portes sont fermées. **Ses parents partagent des secrets intimes dont il est exclu**. Ceci est **très structurant** pour l'enfant car il peut ainsi intégrer que ses parents ont une vie intime, personnelle, privée, et que lui aussi peut développer un espace interne physique et psychique.

Vers 6-7 ans, l'enfant renonce à l'attirance du parent de sexe opposé, s'identifie au parent du même sexe et intègre son identité sexuelle.

L'énoncé de la loi relative à l'interdit de l'inceste resitue l'être dans sa génération, à sa place d'enfant.

À la fin de la période œdipienne, le **Surmoi** se met en place avec l'intériorisation des interdits parentaux. Il correspond à notre conscience morale.

– *La période de latence* se met en place. C'est une période de mise en retrait des aspects sexuels. Les parents ne sont plus la préoccupation première de l'enfant et celui-ci s'ouvre de plus en plus sur le monde extérieur. La désexualisation de ses relations va lui permettre de développer des aptitudes intellectuelles comme la lecture, l'écriture ainsi que des qualités artistiques et sportives.

De nouveaux sentiments apparaissent tels que la pudeur ou le dégoût. Des idées nouvelles font leur apparition… **Il se crée son monde à lui, dans sa génération**.

Les relations amicales sont de plus en plus nombreuses. L'école, les activités à l'extérieur lui offrent une autonomie grandissante tant physique que psychique.

– Lorsque *la puberté* se présente, la période de latence s'achève et *l'adolescence* pointe le bout de son nez. C'est une véritable révolution psychologique et physique qui se présente entre 11 et 16 ans. L'adolescent quittera progressivement le monde de l'enfance pour accéder à sa vie d'adulte et concrétiser son identité sexuelle avec l'accès à une vie sexuelle génitale.

Nous constatons ainsi que l'espace psychique se construit au fur et à mesure du développement corporel et libidinal de l'enfant.

En découvrant sa dépendance, **l'enfant se découvre distinct de sa mère**. Plus tard il **s'affirme en s'opposant**, son autonomie va grandissant ; **il devient un sujet** à part entière, capable de se déplacer à sa guise, **d'exprimer sa pensée grâce au langage**. Il rencontre d'autres personnes, son horizon s'ouvre. Il découvre son sexe, celui de l'autre, sa curiosité ne cesse d'augmenter. Il réfléchit, il accède à des prises de conscience. Il découvre **sa différence, sa spécificité**. Il s'inscrit dans une génération où **la place de chacun** se doit d'être respectée, **l'intimité** de chacun également. L'enfant se construit son monde à lui au plan intellectuel ainsi qu'au plan affectif et l'une de ses libertés fondamentales sera d'**en parler** ou de **se taire**.

Une vie psychique différenciée

« La vie psychique ne se construit que sur la possibilité du secret ».[13]

Quand l'enfant découvre qu'il peut mentir, cela lui ouvre des horizons de vie jusqu'ici ignorés. *« La découverte qu'un petit enfant fait de la possibilité de mentir à ses parents est essentielle dans son développement psychologique. Il découvre l'impossibilité où sont ses parents de lire dans ses pensées alors qu'il croyait jusque-là cela possible. Il découvre donc la possibilité d'avoir une vie psychique à lui ».*[14]

Il peut penser sans que ses parents sachent ce qu'il pense, ce qu'il envisage ou ce qu'il désire…
S'il ne dit pas, personne ne peut savoir, personne ne peut deviner ses pensées. Cette découverte est jubilatoire. Quelle promesse de liberté ! Chemin faisant, l'adolescence permet une nouvelle découverte, celle de la sexualité et d'une **intimité** à deux. Les choses ne sont pas faciles à dire, à exprimer. Souvent l'adolescent se sent incompris, et la confidence de ses **secrets intimes** se fait soit auprès d'un **ami** de confiance soit parfois à travers l'écriture d'un **journal intime** qui dure souvent le temps de cette transition menant à la vie d'adulte.

Chacun, à sa façon, cultive **son jardin secret**, son espace intime et personnel.

« Nous ne disons pas tout à tous et à tous moments »[15]. C'est notre **liberté** et aussi notre **droit**.

---

13. Revue ***Différences***.

14. id.

15. S. Tisseron, « La filiation empoisonnée par un secret » Conférence dans le cadre du colloque Européen à l'initiative du Réseau Européen des Instituts de la Famille. La transmission dans la famille : secrets, fictions et idéaux, Lyon, Mai 2000.

L'art. 9. (l. n° 70-643 du 17 juill. 1970) du code civil est très clair : « **Chacun a droit au respect de sa vie privée** ».

Personne ne peut porter atteinte à l'intimité de la vie privée d'un autre.

Autrement dit, **nous avons tous un droit au secret, et le respect de ce droit est vital**.

Selon Victor N. Smirnoff, le secret se propose *« en tant que Déclaration des Droits de l'Homme ».*[16]

En résumé, **le secret intime est très structurant**, c'est un bien précieux, contenu en soi et constitutif de soi en tant que sujet. Ces secrets sont des savoirs que l'on garde précieusement, à l'écart des autres. On les protège, pour se protéger soi-même. Ils sont propriétés privées. Ils se gardent car ce qu'ils concernent est tout à fait intime et personnel, et seront éventuellement confiés dans l'intimité d'une relation de confiance.

Garder en soi ses secrets est donc **un acte essentiel**, celui de se constituer soi-même comme sujet autonome.

Du secret structurant au secret déstructurant

Comment et à partir de quand, un secret peut-il devenir **nuisible, destructeur, toxique** à la fois pour celui qui le garde mais aussi pour ses proches tels que ses enfants ou petits-enfants ?

« De façon générale, le secret cesse d'être structurant et devient déstructurant au moment où nous cessons de « garder un secret » pour « être gardé » par lui et pour devenir son prisonnier ».[17]

Les « **bons** » secrets sont ceux que nous gardons sans nous poser la moindre question.

Les « **mauvais** » secrets, par contre, **partagent toujours ceux qui les gardent**. En effet, la personne détentrice d'un « mauvais » secret est toujours partagée. À la fois, elle aurait besoin de parler pour se libérer de quelque chose de lourd, de douloureux parfois, et à la fois, la peur, la honte, la culpabilité l'empêchent de s'exprimer.

Dans ce cas, le secret « travaille » la personne. Il la mine, la perturbe, la ronge de l'intérieur. On parle de secrets déstructurants, ce sont souvent **des secrets de famille**.

16. V.N. Smirnoff, Le squelette dans le placard, in **Nouvelle Revue de Psychanalyse n°14**, Paris, Gallimard, 1976, p. 53.

17. Revue ***Différence***, 1999, n° 76, p. 5.

Chapitre 2

Les secrets déstructurants

I. Le secret de famille

Selon Claire Delassus : « *le secret est avant tout une information de la plus haute importance concernant un événement honteux ou dramatique ou des comportements jugés comme répréhensibles de la part de certaines personnes. Cette information précieuse peut être connue d'une ou plusieurs personnes devant garder impérativement le silence* ».[18]

Pour Serge Tisseron, « *Ce qui définit le secret, c'est à la fois que quelque chose d'important ne soit pas dit et qu'il soit interdit de comprendre que quelque chose n'est pas dit* ».[19]

Assurément, le secret de famille est un **secret partagé** par au moins deux personnes d'une même famille, mais souvent personne ne sait exactement qui sait quoi. Ainsi personne n'en parle. Les uns et les autres tentent d'ignorer le secret inavouable, honteux, insupportable, au point de pouvoir l'oublier parfois (en l'enterrant en quelque sorte dans une cache secrète de leur psychisme). Quoi qu'il en soit, le secret se transmet **de génération en génération**.
Précisons que ce n'est pas le secret en tant que tel qui se transmet : en fait l'existence d'un secret de famille génère **des perturbations de la communication** entre et à travers les générations. Quel qu'en soit le contenu, la présence même du secret de famille génère des troubles.

Autrement dit, la présence d'un secret a des effets sur les différents membres de la famille et ce sont ces effets qui posent problème.

À partir d'un cas concret, à travers le film *Festen*, je vous propose de poser un regard d'observateur extérieur afin de découvrir les différents mécanismes mis en œuvre par la présence d'un secret de famille. Ainsi, nous prendrons conscience des effets néfastes des secrets de famille et de leurs conséquences à travers les générations.

18. C. Delassus, **Le secret ou l'intelligence interdite**, Éditions Hommes et Perspectives, 1993, p. 24.

19. S. Tisseron, op. cit.

2. Un exemple : le cas *Festen*

Festen, Le Film

Les personnages principaux sont Helge, le père. Elsa, la mère. Leurs enfants, Hélène, Christian, Linda et Michael. Et Kim, l'ami d'enfance de Christian.

En résumé : « *C'est l'été au Danemark. Au manoir se prépare une grande fête pour les 60 ans du patriarche Helge Klingenfelt. Les amis, la famille et les intimes sont tous là. Le fils aîné de Helge est chargé par son père de dire quelques mots au cours du dîner sur sa sœur jumelle, Linda, morte un an plutôt. À la nuit tombante, le maître de cérémonie convie les nombreux invités à table. Personne ne se doute de rien, quand Christian se lève pour faire son discours et révéler de terribles secrets...* »[20]

Christian, fils aîné de la famille, frère de Linda sa sœur jumelle, marche, valise à la main, vers la propriété familiale. Il reçoit un appel téléphonique : « **... Je regarde les champs, ma patrie, c'est beau Putain !... oui, j'y arriverai,... oui, ce sera un choc !** »

Michael, le frère cadet arrive en voiture avec toute sa famille, son épouse et ses trois enfants. Il reconnaît Christian sur le bord de la route : « **Putain, c'est mon frère, Putain, merde...** ». Il s'arrête, salue Christian et lui saute sur le dos en s'agitant frénétiquement sur lui. Brusquement, dès que Christian lui demande si ça va, Michael impose à sa femme et aux enfants de quitter la voiture, de continuer le chemin à pied : « **Allez hop ! Hop ! Les mômes on descend, c'est mon frère, merde !** ». La femme de Michael réagit devant cette attitude inacceptable. Par contre, les enfants obéissent sans rien dire.

Hélène, la sœur aînée, arrive en taxi. Elle demande au conducteur d'aller vite, encore plus vite, de doubler tout le monde... Elle se doit d'accueillir tous les invités pour l'anniversaire de son père.

Hélène, Christian et Michael se retrouvent ensemble sur le perron, pour accueillir les invités. Christian est prévenant, très poli. Michael est très agité, il titille sa sœur Hélène et lui pince les seins.

Tout les invités sont arrivés. Christian va chercher ses parents.

Christian retrouve son père, Helge, et lui signifie que tout le monde l'attend. (On remarque que Helge se frotte méticuleusement les mains).

---

20. Cf. DVD vidéo, *Festen*, Prix Spécial du jury Cannes 1998, écrit et réalisé par ThomasVinterberg, Nimbus Film.

« **Assieds-toi ! Allez, assieds-toi ! C'est important !** », lui dit son père, d'un ton ferme et imposant. Christian obéit. Helge lui fait donc comprendre qu'il a quelque chose de très important à lui dire, quelque chose qui le tracasse vraiment et... il se met à raconter une blague. Christian sourit... « **Mais enfin, tu as le front de te moquer de ton vieux père, le jour de son anniversaire. Qu'est-ce qu'elles vous ont fait mes blagues ? Il n'y a plus de respect comme avant !** »

À ce moment précis, nous voyons Christian s'essuyer nerveusement le pourtour de la bouche avec une lingette.

Helge rejoint ses invités. Ceux-ci lui offrent un accueil particulièrement chaleureux. Son épouse l'embrasse tendrement devant tout le monde. C'est l'image même du bonheur parfait.

Il est convenu que tous se retrouvent pour le repas du soir et en attendant, chacun est libre de se reposer, de se préparer... pour la fête.

Christian est dans sa chambre en compagnie de Pia, une jeune femme qui manifestement lui fait des avances amoureuses. Mais il ne réagit pas. On le voit pensif, « ailleurs » en quelque sorte.

Hélène se retrouve dans la chambre de sa sœur morte. (En effet, **Michael, qui n'était pas invité**, lui a pris sa chambre). Lars, le majordome, accompagne Hélène et tous deux semblent très impressionnés.
Hélène lui dit : « **Ça fait froid dans le dos, on dirait que la chambre est hantée.** » Ils enlèvent les draps blancs qui recouvrent les meubles puis : « **Ça c'est passé ici, dans la salle de bain, en fait je crois que cela me met très mal à l'aise** ».
Malgré cette sensation de malaise, Hélène se rend dans la salle de bain, se souvient d'un jeu d'enfance, et se met à chercher des indices, un signe, quelque chose. Elle cherche à comprendre. Un véritable jeu de piste l'amène à trouver une lettre que Linda avait cachée avant de mourir. Quand elle lit la lettre, elle est très affectée, son menton tremble, les larmes sont au bord des yeux mais, très vite, elle se ressaisit, fait **comme si de rien n'était**, sauve la face devant Lars et lui dit : « **Il n'y a rien d'écrit dans cette lettre... Bon, c'est rien, il y a toujours eu des fantômes dans cette maison !** »
Une fois seule, on la voit qui tremble de tous ses membres et cherche par tous les moyens à cacher cette lettre. Elle panique complètement en cachant la lettre dans un grand tube de médicaments. « **Il faut absolument que ça rentre, faut que personne puisse la trouver !** » Une fois la lettre cachée, elle « craque » en pleurant à chaudes larmes.

Michael est dans sa chambre avec sa femme. Il est très très nerveux, cherche ses belles chaussures **pour être impeccable devant son père** ! Comme

il ne les trouve pas, la colère monte, il traite sa femme de tous les noms et se montre très violent ! « **Je descendrai pas avec ces "godasses" voir mon père, il va péter les plombs si je fais cela.** »
C'est la crise de nerfs, tant pour Michael que pour son épouse. La violence est toujours là, présente en lui, continuellement !

L'heure est venue de se retrouver pour la soirée. Helge le signifie bruyamment avec la complicité d'un petit garçon qui fait claquer des couvercles de casseroles dans le couloir menant aux chambres. « **Montrez-moi les billets de train ! Montrez-moi vos titres de transport ! Allez, dedans tout le monde !** »
Sans frapper, le patriarche ouvre toutes les portes et lance : « **que la fête commence !** » Dans cette ambiance joyeuse, Helge signifie froidement à Michael qu'il souhaite le voir dans cinq minutes dans le petit salon à la cheminée. On voit alors Michael se précipiter, à peine habillé, pour exécuter l'ordre de son père ! Michael court, tombe, se relève, court de nouveau et arrive dans les cinq minutes comme convenu. À ce moment là, son père lui dit : « **ce n'est pas le moment, on parlera plus tard, la réception va commencer… mais on m'a demandé de voir un peu avec toi, l'intérêt que t'inspire la loge… Nous voulons t'aider… alors commence par faire des efforts, comporte-toi comme un homme normal et bien éduqué toute la soirée… Sois l'ange gardien de la famille pour ce soir, que cette fête soit réussie… tu crois que tu peux faire cela ? Bien !** »

La fête commence. Tous les amis, la famille, se retrouvent pour l'apéritif. Hélène est là, pensive. Quand elle voit Christian, elle lui adresse un grand sourire forcé. Puis, nous la voyons baisser les yeux, et fuir la compagnie de Christian. Manifestement celui-ci comprend qu'il s'est passé quelque chose. Il semble intrigué et cherche à la suivre du regard. Helge, le patriarche est là auprès de tous. Un gros plan nous sensibilise de nouveau sur le fait qu'il se frotte toujours très méticuleusement les mains.
Le maître de cérémonie, Helmut, se présente : « **Je suis Allemand : Cologne, la Ruhr, les aciéries.** » À ce moment précis, Helge se met à tousser et certains invités se mettent à rire, manifestement un peu gênés. Helmut propose à Helge de prononcer un discours. Ce « bon père de famille » fait un discours très émouvant sur sa fille Linda qui n'est plus de ce monde et… malgré la larme à l'œil, il « se ressaisit » très vite et souhaite à tous une très bonne soirée. Christian le regarde fixement, et semble écœuré par les propos de son père, un rictus de dégoût agite son visage ! *A contrario*, nous voyons Michael totalement subjugué par les paroles de son père.

Le repas commence. Christian voudrait parler, hésite, semble essoufflé. S'exprimer lui paraît difficile. Puis il se lève : « **Je voudrais proposer le premier toast. Après tout, c'est mon devoir de fils aîné.** » Le père accepte et choisit l'un des deux discours que Christian lui propose : « **C'est un choix intéressant, c'est une espèce de discours de vérité, j'ai choisi de l'intituler : quand père prenait son bain.** »

À ce moment là, la mère rit un peu nerveusement et le père semble inquiet. Christian explique ses jeux d'enfants avec sa sœur, les grands rires aux éclats, les bêtises d'enfants qui n'avaient pas de conséquence... par contre « **il s'avérait que c'était beaucoup plus dangereux quand papa prenait son bain...** »

À cet instant précis, Hélène renverse un verre, dit « merde ! », puis boit coup sur coup du vin, beaucoup de vin. On la voit très mal à l'aise, elle ne sait plus où se mettre.

« **...pour cela il nous emmenait, Linda et moi, d'abord dans son bureau... il verrouillait la porte, il descendait les persiennes, il allumait une lumière pour faire joli et puis il enlevait sa chemise et son pantalon, et on devait en faire autant, après il nous faisait allonger sur la banquette verte qu'on a mise à la poubelle depuis et il nous violait, il abusait de nous, il avait des rapports sexuels avec ses chers petits.** »

À ces mots, Elsa, la mère de Christian, met son index devant ses lèvres et dit en chuchotant : Christian, chut !

« **Il y a quelques mois, à la mort de ma sœur... je me suis dit : il faut qu'ils sachent ça de mon père !...** »

Les invités restent sans voix. La mère de Christian se met à rire, le père demande à boire pour lui et ses invités, le grand-père se lève à son tour et... Raconte une histoire ! « **Au fil des années tu es devenu un grand garçon Helge, un grand garçon dont les oreilles ne craignent pas les histoires un peu salaces !...** »

Christian se lève, quitte l'assemblée, personne ne prête attention à lui.

Avant de partir, il rejoint Kim, son ami d'enfance, le chef cuisinier de la maison, pour lui dire au revoir.

Kim : « **Je te félicite Christian, tu as fait ton petit discours, et tu t'en vas. La bataille est perdue, il ne s'est rien passé, terminé ! Depuis combien de temps on se connaît, depuis l'école primaire... Depuis tout ce temps, j'attends cela et toi, tu te sauves, tu fuis ton père qui tirait à la courte paille entre toi et ta sœur !** »

Au même moment, en cuisine, via un haut-parleur, on entend Hélène défendre l'honneur de la famille en niant les propos de Christian : « **J'espère qu'aucun de vous n'a pris les paroles de Christian au sérieux, c'est mon frère, je le connais, je l'aime beaucoup, mais rien de ce qu'il a dit n'était vrai. Si c'était vrai, je serais la première informée.** »

À ce moment-là, son ami Kim lui explique que s'il en reste là, tout sera comme avant.
« **Accorde-moi deux minutes et tu vas voir !** ». Christian accepte d'attendre.

Helge arrive, boit son verre d'alcool, félicite le cuisinier comme prévu ! Comme si rien ne s'était passé !

Helge constate alors la présence de Christian et lui demande de le suivre « **entre quatre yeux.** »
Le père se fait tendre et demande : « **Alors, comment tu vas ?** »
Christian : « **Je vais bien** »
Le père : « **Ah, oui ? Tu en es certain ? Ah bon, eh bien je ne comprends plus rien, ma mémoire doit avoir une défaillance, je commence à prendre de l'âge.** »
Christian : « **Qu'est-ce que tu veux dire ?** »
Le père : « **Ces choses, tout à l'heure, dont tu as parlé... je ne m'en souviens pas du tout, faut que tu m'aides Christian, dis-moi ce qui s'est passé** » **(silence !)**.
Christian : « **Non, excuse-moi, c'est sûrement moi qui ai mauvaise mémoire.** »
Le père : « **Non, non, non ne t'excuse pas, sinon je vais vraiment me faire beaucoup de souci pour toi.** »
Christian : « **Ne te fais pas de souci, c'est rien, je suis juste un peu à coté de mes pompes en ce moment, le travail, l'histoire de ma sœur, je t'assure, oublie.** »
Le père : « **Parce que tu comprends, ce dont tu as parlé c'est criminel, c'est une affaire très grave, faudrait appeler la police.** »
Christian : « **Non, non ne fais pas cela, ce n'est rien, oublie, non vraiment, je t'assure, n'y pense plus... excuse-moi, oublie... ça se passe bien là-haut ?** »
Le père : « **Oui, cela se passe bien, ce sont tous des gens sensés. Pour les choquer, il en faudrait plus, ne te tracasse plus... rentre bien mon garçon, j'ai été content de te voir... allez... on m'attend !** »

Christian est sidéré... mais... il réagit, il remonte en cuisine, regarde Kim dans les yeux, ils se comprennent du regard. Christian ne repartira pas comme ça !
Le père reprend sa place à table. Christian revient également, sous le regard d'un père manifestement très contrarié.

Michael qui faisait sa « ronde » pour savoir « si tout allait bien » voit arriver un homme noir ! Gbartokai lui explique qu'il est le petit ami de sa sœur.

Alors là, scandale : « **Putain, tu ne peux pas ramener un macaque quand on fête les 60 ans de ton père !** » À ces mots, Hélène et Michael s'empoignent, et Hélène finit par traiter son frère de Nazi !

Michael s'arrête net !

Tout le monde reprend place à table. La suite du menu arrive !

Christian demande de nouveau la parole, se lève et propose un toast en l'honneur de son père : « **S'il vous plaît, veuillez vous lever...** » Tous se lèvent, et entendent : « **Je bois à l'homme qui a tué ma sœur, je bois au meurtrier !** » Le père se lève ! C'est la douche froide pour tout le monde, sauf pour la mère qui sourit toujours, imperturbablement, comme si elle n'avait pas entendu !
Les invités quittent la pièce. C'est l'agitation générale, sauf pour Christian qui calmement, termine son repas.

L'honneur de la famille est sérieusement compromis et cela semble insupportable.

Christian est toujours seul dans la salle à manger quand son père Helge le rejoint, après avoir pris soin de fermer soigneusement les portes.
Le père : « **Je pourrais me lever à mon tour, pour leur dire quelques mots, quelques mots sur toi, quand tu étais enfant, un gosse maladif qui ne supportait pas de voir des enfants rire, être heureux, qui leur gâchait tout...**
Je pourrais leur dire, l'esprit malsain et détraqué que déjà tu avais... Je pourrais leur raconter quand papa et maman ont dû aller en France pour t'aider à sortir de cette espèce de clinique où tu croupissais littéralement depuis des mois...
Ta sœur, elle t'a dit au revoir à toi ?... À nous, oui ! mais pas à toi !... Tu as abandonné ta sœur malade... il n'y a que toi qui comptais et ton cerveau détraqué. Et maintenant, tu te permets de traîner dans la boue toute une famille qui n'a jamais voulu que ton bien-être ! Ta mère veut que tu t'en ailles, elle ne veut plus jamais te revoir... »

Christian encaisse douloureusement et silencieusement sans bouger !

Malgré l'ambiance, tout le monde reprend sa place.

Elsa, la mère, se lève alors et prend la parole : « **Merci de votre présence, ce soir... et surtout merci à mon mari, à mon Helge... Avec ta soif de vivre et ton infinie tendresse, tu m'as donné Helge, tout ce qu'une épouse peut espérer. Ces 30 années ont été merveilleuses ! Merci.** »

S’adressant ensuite à ses enfants : « **Je trouve que c’est fantastique que vous ayez si bien su vous réaliser, quand on pense aux petits bouts de choux craquants que vous étiez !** »
Michael et Hélène reçoivent leur lot de compliments… puis vient de tour de Christian.
« **Tu as toujours été un peu spécial. Je dirais créatif comme personne. C’est étonnant les histoires qu’il racontait étant petit… Quand Christian était petit, il avait un fidèle compagnon qu’il ne quittait jamais, c’était Snout. Seulement voilà, il n’existait pas. Pourtant Snout et Christian étaient toujours ensemble, s’il y avait quelque chose que Snout n’aimait pas, alors Christian ne l’aimait pas non plus. Et si ce quelque chose par malheur c’était vous, eh bien tant pis, il n’y avait rien à faire. Mais mon cher Christian, il est très important de savoir distinguer fiction et réalité. Et ça, je crois que cela a toujours été un problème pour toi… et raconter des histoires comme tu l’as fait ce soir, c’est peut-être aller un peu trop loin. Il me semble qu’il serait bienvenu que tu te lèves et que tu présentes tes excuses à ton père… tu peux te lever maintenant.** »

Là, Christian lui tient tête, et la regarde fixement.

Cela dure longtemps, très longtemps et manifestement, la mère commence à se sentir très mal à l’aise.

Christian se lève : « **En 1974, tu entrais sans frapper, ma chère maman, dans le bureau et tu as vu ton fils à quatre pattes et tu as vu ton mari…** »

C’est tellement insupportable à entendre, que Michael et d’autres hommes emmènent Christian de force à l’extérieur. Christian leur échappe et revient dans la salle à manger :
« **Maman, mon fidèle témoin, en 74, tu rentrais dans le bureau et tu as vu mon père, sa queue en érection se balader dans mes cheveux !** ». On entend alors, des cris, des hurlements. Michael et quelques invités empoignent Christian, le « tabassent » et pour finir l’attachent au loin, dans la forêt. Michael se demande vraiment pourquoi son frère raconte des histoires pareilles, puis il rejoint tout le monde à table. À ce moment précis, Gbartokai, qui se soucie du sort de Christian, provoque Michael. Tous entonnent alors une chanson raciste !

Hélène quitte la salle, une véritable crise de nerfs la submerge : « **J’en peux plus, je vais devenir dingue !** ». Elle vomit puis se met à pleurer en disant : « **Vous êtes tous fous ! J’ai mal à la tête** ».
Pia la soutient, l’aide, et quand Hélène lui demande ses cachets pour la tête, Pia découvre la lettre de Linda.
Hélène veut partir, quitter cette maison de fous, mais son ami l’encourage à rester.

Tard dans la soirée, Christian réussit à se libérer de ses liens et revient dans la maison. Pia lui remet la lettre de Linda trouvée dans le sac d'Hélène. Christian restitue cette lettre à Hélène.
Après la ronde familiale, la tradition veut qu'on lise un discours secret en fin de soirée.
Hélène est alors désignée. Avec énormément de difficultés, elle prend la lettre écrite par Linda, avant qu'elle ne se suicide, et la lit devant l'assemblée. Christian reprend place parmi les invités. Pendant la lecture, on le voit retrouver son cœur d'enfant, il sourit et s'amuse à faire le clown. Michael se tient la tête. Mette, l'épouse de Michael, est très émue. **La lettre dénonce le père**.

Helge fait semblant de rien « **C'est une très belle lettre, merci ma fille !** » Et demande très poliment un verre de porto pour lui et sa fille. Mais... rien n'arrive ! Malgré son insistance, personne ne bouge, c'est le silence total... Helge se met alors dans une colère noire.
Christian lui dit alors par deux fois : « **Je n'ai jamais compris pourquoi tu faisais cela !** », « **Je n'ai jamais compris pourquoi tu faisais cela !** » Et là son père lui dit : « **C'est tout ce que vous valiez !** »

Helge se lève et quitte la pièce, suivi de son épouse chancelante.

Michael est consterné !

Tous sont sous le choc !

Christian se lève, marche tant bien que mal, et s'effondre par terre, épuisé.

Après quelques heures de repos, Christian, Pia, Hélène et Gbartokai se retrouvent pour danser au beau milieu de la nuit. La joie revient, l'insouciance aussi...

Michael, lui, est totalement désespéré.
Il rejoint son père en hurlant : « **Mais cette famille elle est finie. Putain !... Tu ne reverras plus jamais tes petits-enfants.** »
Nous voyons, alors, Michael taper son père de toutes ses forces, à coup de pied, à coup de poings... Cela dure presque toute la nuit... jusqu'à ce que Christian intervienne pour les séparer.

Le jour se lève, les invités se retrouvent au petit déjeuner. Les trois enfants de Michael sont présents. L'ambiance est agréable, chaleureuse, Hélène est joyeuse, Michael est détendu, posé. Christian propose à Pia de vivre avec lui à Paris...

Helge arrive, suivi de son épouse. Elsa, se tient bien droite, très digne avec un sourire identique à celui de la veille avant la révélation ! Comme si de rien n'était ! L'une des petites filles se met sur les genoux de son grand-père. Michael rappelle sa fille. Les regards se tournent vers Helge, quand il commence à parler : « **... Je veux seulement vous dire que... Maintenant je me rends compte que ce que j'ai fait à mes enfants, c'est impardonnable... et vous tous, autour de cette table, et notamment mes enfants, vous me haïrez jusqu'à la fin de ma vie... mais je veux quand même vous dire que vous resterez mes enfants et que je vous ai aimés et je vous aimerai où que vous soyez de par le monde et quoi que vous fassiez...**

Et toi Christian je peux te le dire... Silence... tu t'es très bien défendu ! Merci ! »

Michael se lève, se rend auprès de son père : « **Super Pa, bon discours, bien dit, mais tu devrais filer pour qu'on puisse prendre le petit déjeuner tranquille !** »

Le père se lève pour partir, propose à sa femme de l'accompagner. Elle refuse.

Helge quitte la salle, seul, sous le regard de Christian.

Comme nous le constatons, le cas Festen, *illustre merveilleusement bien, ce qui peut se jouer au sein d'une famille contaminée par un terrible secret.*

La présence du secret de famille génère des effets absolument catastrophiques. Nous allons les examiner en détail. Mais juste avant cela, revenons à l'origine du secret, pour comprendre comment se construit le secret de famille et qui sont les différentes personnes concernées par le secret.

3. La construction d'un secret de famille

Voir Notes de J. M. p. 92

Toutes les familles ont leurs codes, leurs lois, leurs règles intérieures mais toutes dépendent des grandes lois fondamentales de la vie.
Quand il y a transgression des lois familiales ou des interdits fondamentaux, c'est le silence ! Ainsi se construit le secret.

« La naissance d'un secret implique qu'une loi implicite ou explicite ait été transgressée, ce qui entraîne une dévalorisation de l'image de soi ou de celle de la famille. »[21]

21. C. Delassus, **Le secret ou l'intelligence interdite**, Éditions Hommes et Perspectives, 1993, p. 45.

Les événements constitutifs de secrets de famille sont ceux qui tombent sous le coup de la loi sociale (le séjour en prison du grand-père par exemple), les événements porteurs de honte (l'abandon d'un enfant, l'homosexualité du tonton...) et les situations trop douloureuses et angoissantes (le suicide, l'internement en camp de concentration, la torture...).

Ces événements vont engendrer des sentiments de honte, de peur, de culpabilité et générer beaucoup d'angoisse et de souffrances.

Ainsi, tout un dispositif se met en place pour **taire l'événement ou le nier**.

La première règle absolue est le silence : « motus et bouche cousue ».

Cette règle s'impose à tous comme allant de soi ! On n'en parle pas, on ne pose pas de question, on évite le sujet par tous les moyens. De nouvelles règles de communication vont s'instaurer pour que le secret soit protégé et reste dans l'ombre.

À ce stade, garder le secret n'est plus un choix mais une obligation, une véritable contrainte : *« Nous cessons d'être son gardien pour devenir son prisonnier ».*[22]

Un certain mode de relation, souvent mensonger, s'instaure au sein de la famille entre tels ou tels de ses membres, et inévitablement, cela va engendrer des conflits familiaux, individuels et même intra-psychiques.

Dans une famille, **il y a ceux qui savent et ceux à qui on ne dit rien**.

Les différentes personnes concernées par le secret sont respectivement des détenteurs, des dépositaires ou des destinataires. Il est important de préciser qu'au sein d'une même famille, il peut y avoir plusieurs détenteurs, plusieurs dépositaires ou destinataires.

Le détenteur, est le **porteur initial** du secret. Il détient le contenu du secret. Il sait mais ne dit rien.

Dans certaines circonstances, **le détenteur confie son secret**. La personne qui reçoit cette confidence s'appelle **un dépositaire**. *« Le dépositaire est quelqu'un d'intime pour le détenteur, c'est l'ami, le confident. »*[23]
Il y a une réelle communication entre le détenteur et le dépositaire. Désormais deux personnes partagent le contenu d'un secret. Cette confidence est toujours à l'initiative du détenteur qui choisit lui-même son dépositaire.

22. S. Tisseron, **Secrets de famille, mode d'emploi**, 1996, p. 8.

23. C. Delassus, op. cit. p. 61.

À l'inverse, **le destinataire** lui, est *« l'individu ou le groupe d'individus que l'acte de séparation initial vise, en d'autres termes c'est celui qui ne doit pas savoir, c'est celui qui doit être exclu du secret. »*[24]

Le destinataire est concerné par le secret mais c'est celui à qui l'on ne dit rien ! En fait, il est concerné, autant dire qu'il est « cerné avec ». Le secret l'entoure, l'enferme, le rend prisonnier de quelque chose qu'il ignore mais qui pèse sur lui.
En résumé, le secret fonctionne selon le principe de : « JE TE confie ce secret, mais ne LUI dis pas ! ».

« JE » est le détenteur, « TE » le dépositaire et « LUI » l'exclu, c'est à dire le destinataire.

Pour mieux comprendre ces notions, revenons à notre cas concret à travers Festen.

Les détenteurs sont respectivement : Helge, Christian, Linda et Elsa.

Helge, le père, détient le secret, d'autant plus qu'il en est l'auteur. C'est lui qui abusait sexuellement de ses enfants. Ceux qui lui étaient soumis : **Christian** et sa sœur jumelle Linda, quand elle vivait encore, sont évidemment les détenteurs du secret.
Elsa, la mère est également détentrice du secret : elle savait ! Elle avait vu, elle avait surpris son mari dans son bureau… mais, manifestement, ce qu'elle avait vu, ne pouvait qu'être nié !

Les dépositaires sont Kim et Hélène.

Kim est l'ami d'enfance de Christian. Hélène, devient dépositaire du secret dès qu'elle découvre la lettre de sa sœur.

Les destinataires sont principalement,

Michael et ses trois enfants ainsi qu'**Hélène**, jusqu'au jour de la réception.

Toute la famille et les amis sont également destinataires mais dans une moindre mesure.

Les « destinataires primaires » qui sont les premiers exclus du secret, vont générer de fait des « destinataires secondaires ».

Michael, dans le film, est un destinataire primaire qui ne peut évidemment rien dire à ses propres enfants, puisqu'il ne connaît rien du secret ! Tout du moins consciemment. Il ne peut absolument rien se dire à lui-même et encore

24. Ibid.

moins à d'autres. Il est exclu du contenu du secret, et de fait ses enfants aussi. Ceux-ci sont les destinataires secondaires.

Ainsi, le destinataire primaire est exclu du contenu du secret, par contre les destinataires secondaires sont exclus d'emblée en tant que personnes du simple fait qu'ils sont fils ou filles du destinataire primaire. C'est un mécanisme qui se met automatiquement en place quel que soit le contenu du secret !

« Alors que les événements à l'origine du secret étaient ***Indicibles*** *pour ceux qui les avaient vécus, les mêmes événements deviennent maintenant* ***Innommables*** *à la deuxième génération. À la troisième génération, l'événement devient littéralement* ***Impensable****. L'existence même d'un secret est ignorée. »*[25]

En d'autres termes, l'indicible c'est ce qui n'a pas pu se dire à la première génération. De ce fait, la deuxième génération n'a donc pas les mots pour le dire, et pour cause, puisqu'elle est exclue du contenu du secret. Elle ne peut que s'interroger et pressentir « des choses » dans certaines circonstances. Nous sommes au niveau de l'innommable. À la troisième génération, ce qui n'a pas pu être nommé devient impensable. À ce stade, les personnes sont à dix mille lieux d'imaginer qu'il puisse y avoir un secret dans leur famille.

Cette réaction en chaîne génère des effets spécifiques pour chacun.

4. Les effets des secrets de famille

La présence d'un secret de famille peut engendrer la création de ce que l'on nomme le mythe familial.

Création du mythe familial

À l'origine du secret, l'événement douloureux, honteux, culpabilisant ne peut être révélé. La personne **ne peut rien dire ou ne veut rien dire**. Nous sommes là au niveau de **l'INDICIBLE**. Pour garder le silence, certains répondent de façon évasive, évitent les sujets de conversation compromettants et d'autres se sentent obligés de mentir pour ne plus répondre à certai-

25. S. Tisseron, op. cit.

nes questions. « *Mais il existe aussi une autre sorte de mensonge permettant de cacher la vérité trop encombrante : il s'agit du mythe familial.* »[26]

Une histoire crédible est créée de toute pièce, elle valorise tous les membres d'une même famille et permet d'instaurer le silence absolu sur des événements du passé.
Tous y croient dur comme fer !
Les membres d'une même famille partagent ainsi les mêmes croyances, les mêmes convictions profondes, les mêmes espérances et les propagent, aussi bien à l'intérieur qu'à l'extérieur de la famille, en se raccrochant à un mythe déjà existant au sein de la société.

« *En d'autres termes, le mythe familial c'est l'image que la famille veut se donner d'elle-même, et moins cette image correspond à la réalité, plus le mythe véhiculé sera fort.* »[27]

> Ainsi, un mari volage, infidèle, niera l'existence d'un enfant adultérin et de façon très convaincante, mettra en avant les valeurs essentielles de l'engagement, du mariage, de la fidélité… et du bonheur de vivre au sein d'une famille unie, où chacun sait combien la confiance est importante et surtout que tous peuvent compter les uns sur les autres.

En dehors de tout secret, le mythe donne une identité à une famille, mais dans le cas d'un secret de famille, le mythe familial est utilisé pour tromper l'autre, pour l'induire en erreur. Ainsi, « *le mythe essaie d'organiser le silence sur l'acte répréhensible.* »[28]

Tout n'est que mensonges ! C'est le **paraître** qui prévaut.

Par ce fonctionnement, la famille cherche par tous les moyens à forcer le respect, l'honorabilité, l'estime, la considération, les égards.

Tous sans exception doivent se conformer au mythe familial, c'est une règle impérative à respecter, pour faire partie de la famille. Celui qui déroge à la règle est exclu, voire banni du clan familial.

Ces deux phénomènes, à savoir, la présence d'un mythe familial et/ou l'exclusion d'un membre de la famille, sont souvent de précieux indices pour les professionnels travaillant sur les secrets de famille.

La présence du mythe familial « brouille les pistes ». Les personnes d'une même famille ne savent plus ce qui est de l'ordre du **réel** ou de l'**imaginaire**.

---

26. C. Delassus, **Le secret ou l'intelligence interdite**, Éditions Hommes et Perspectives, 1993, p. 53.

27. id., p. 54.

28. C. Rodet, **Relations entre les générations**, Université Catholique de Lyon.

Il y a ce qu'elles voient, ce qu'elles entendent et ce qu'elles doivent penser, conformément à l'image de la famille qui est véhiculée grâce au mythe.

Plus le secret est important, plus le mythe est insistant. C'est la confusion la plus totale. Cela crée des doutes importants et bien évidemment des troubles, qui se transmettront de génération en génération !

En résumé, le mythe familial est un « trompe l'œil ». Il est créé de toute pièce par le porteur initial du secret inavouable. C'est une véritable comédie mise sur le devant de la scène alors que dans les coulisses, la réalité est toute autre, voir l'exacte réplique inverse.

Cinq grands mythes ont été répertoriés par le psychologue anglais Thomas J. Cottle[29] :

- **Le mythe de la stabilité, de la famille unie**, ce mythe concerne les secrets d'une famille éclatée du fait de divorce, d'abandon d'enfant, d'infidélité…
- **Le mythe de l'harmonie**, cache souvent des secrets qui ont trait à la violence familiale : enfants battus, enfants victimes de sévices ou d'inceste.
- **Le mythe de la richesse**, correspond aux secrets concernant les dettes, les ruines, la faillite, le chômage.
- **Le mythe du droit chemin**, renvoie à toutes les conduites déviantes telles que les pratiques sexuelles perverses, le viol, le meurtre.
- **Le mythe de la normalité**, se rapporte aux secrets en lien avec des conduites sociales hors normes : l'alcoolisme, la toxicomanie, la folie, le suicide…

Dans le cas d'un secret de famille, le mythe est un paravent, une vitrine sociale, autrement dit, l'arbre qui cache la forêt.

Dans *Festen*, l'image que cherche à se donner cette famille est flagrante.

C'est **le mythe de l'harmonie** par excellence !

Il semble essentiel de montrer que **tout va bien**, que la paix, la tendresse, l'entente et l'ordre, règnent dans la famille. Systématiquement, quand Christian, Michael, Helge ou Kim, demandent : « Comment tu vas ? », les uns et les autres perdent leurs moyens, comme s'il fallait de façon impérative que tout aille bien.

Tous les enfants sont présents pour l'arrivée des uns et des autres.

---

29. T. J. Cottle, **Children's Secrets**, New York, Anchor Press/Doubleday, 1980.

Les invités sont reçus chaleureusement par Christian, Michael et Hélène, afin de passer une journée de fête dans le faste et l'élégance, comme toujours.

Les trois enfants se trouvent réunis pour fêter l'anniversaire de leur père, cela donne vraiment l'apparence d'une famille soudée, unie, où personne ne manque à l'appel. Bien sûr, leur sœur Linda n'est plus là. Elle est décédée, mais « c'était un enterrement tellement génial », même la grand-mère a trouvé cela *charmant* !

Quand tous les invités sont dans le grand salon, Helge et son épouse Elsa arrivent et montrent à tous leur joie de fêter cet anniversaire. Devant tout le monde, Elsa enlace tendrement son époux et l'embrasse. Le bonheur ne fait aucun doute. D'ailleurs, Elsa ne cesse de sourire.

Tout est en bon ordre, les invités sont conviés à prendre possession de leurs chambres. Ainsi, chacun peut se rafraîchir et se préparer pour le repas du soir. Dans ce laps de temps, Helge convoque son fils Michael pour lui apprendre qu'il pourrait prochainement être sollicité pour rejoindre la loge, et lui demande d'être l'ange gardien de la famille, pour que cette fête soit réussie… Michael est aux anges !

Le moment venu, tout le monde se retrouve pour que la fête commence. Le maître de cérémonie présente Helge comme un homme solide, sur qui on peut compter. Le patriarche, Helge, prononce un discours très émouvant. Tout le monde ou presque en a la larme à l'œil, mais cet homme d'acier, toujours aussi solide, se ressaisit rapidement et propose à tous de passer une très bonne soirée. Quel homme admirable !

Pendant le repas, Christian révèle son terrible secret. La mère se met à rire, le père demande à boire et le grand-père se lève pour raconter une histoire. Là aussi, manifestement **tout va bien**. Il n'y a aucun problème, tout continue comme avant. Tout ce qui pourrait nuire à la bonne image de cette famille est totalement banni. La grand-mère chante une berceuse. Elsa, fidèle à elle-même, ne cesse de sourire. Dans le fond, tout cela n'est que fiction et tout se passera bien, comme toujours.

Qu'en est-il dans la réalité ?

Christian vient de Paris. Il arrive à pied de la gare. **Personne n'est allé le chercher.**

Michael est en voiture avec toute sa petite famille. Il reconnaît son frère le long de la route, s'arrête : « *ça fait tellement longtemps* » ! Manifestement, **les deux frères se voient rarement**.

En arrivant, Michael apprend qu'**il n'est pas invité** ! Il est en fait **exclu** de la fête. Il se souvient alors que la dernière fois qu'il était venu, il avait bu énormément et s'était mis à « *dérailler* » ! Michael est le vilain petit canard qui dérange, alors autant l'exclure.

Hélène arrive en taxi à une vitesse folle. C'est elle qui insiste en faisant du charme au taximan, pour que celui-ci roule le plus vite possible. **Elle se doit d'être là** pour accueillir tous les invités.

Quand Hélène retrouve Michael, **elle ne supporte pas sa présence** : *« Tu ne viens pas à l'enterrement de ta sœur, alors tu ne viens pas à l'anniversaire de ton père. »*

Linda, la sœur jumelle de Christian, **s'est suicidée** l'année précédente.

Comment, dans une famille où règne l'harmonie, une jeune fille peut-elle en venir à se suicider ? Comment se fait-il que Michael soit si vulgaire, si agressif, si violent, si imprévisible ?
Christian et Michael boivent. Hélène se drogue. Linda se suicide. Les uns et les autres ne se voient presque plus. Quelle harmonie, en effet !

Par de nombreux indices, on voit bien que des choses ne vont pas, mais **tout le monde fait « comme si » tout allait bien, y compris les amis.**

Personne ne s'inquiète du fait que l'épouse de Michael et leurs enfants arrivent à pied !

Personne ne semble surpris du choix du maître de cérémonie extérieur au cercle familial. C'est pourtant souvent le rôle d'un fils aîné. Christian ne manque pas de le faire remarquer au cours du repas. Manifestement, Helge souhaite maîtriser la fête en nommant quelqu'un qu'il connaît bien et qui l'admire.

Le sourire incessant de la mère est totalement **artificiel**. On voit bien l'importance de la légende, du mythe, alors que dans les faits il n'en est rien.

Nous voyons Lars, le maître d'hôtel, qui apprend comme tout le monde la révélation du terrible secret de Christian… Il est manifestement sous le choc et Michael lui demande :
« Ça va, tout va bien, rien de spécial ? »
Ça paraît fou ! D'ailleurs, le regard éberlué de Lars nous fait comprendre le **dysfonctionnement** de cette famille. Comment nier à ce point le problème, sinon en ayant incorporé que, **quoi qu'il arrive, tout va bien**. Toujours au nom de l'harmonie qui se doit de régner.

Ainsi, derrière ce mythe, se cachent : la mésentente, la violence, la manipulation, la vulgarité, l'abus sexuel, le mal-être, le mal de vivre. **Tout n'est que mensonge !**

En parallèle du mythe familial, la présence d'un secret de famille s'exprime aussi sous d'autres formes, notamment au travers de **sécrétions**.

Les sécrétions

En jouant sur les mots, on peut dire que les secrets **sécrètent** des indices. Ils transpirent en quelque sorte.

« Contre sa volonté, le détenteur de secret va laisser passer des signaux qui vont suggérer la présence d'un NON-DIT »[30]. Principalement devant des destinataires, qui ne doivent pas savoir.

En fait, *« le détenteur du secret n'est pas si silencieux qu'il veut bien le laisser supposer »*[31].

En effet, consciemment, le porteur initial du secret s'interdit de dire quoi que ce soit, mais compte tenu du paradoxe qui veut que, en même temps, il soit interdit d'oublier, le secret se manifeste en offrant des *« indices que Andras Zempléni nomme sécrétions, jouant sur l'étymologie même du mot secret : Appelons sécrétions le processus – ou plutôt l'ensemble de processus plus ou moins involontaires – par lequel le secret s'exhibe devant ses destinataires sans être, pour autant, ni communiqué, ni révélé. »*[32]

Comment se manifestent-elles ?

Ce sont des signaux qui passent, des points lumineux qui clignotent et peuvent être source d'indices précieux pour l'entourage.
Dans certaines circonstances et selon les sujets abordés, nous rencontrons parfois **une surabondance de discours**, les personnes parlent, parlent comme pour noyer le poisson, ou alors, c'est le **silence total**, soit en plein milieu d'une phrase ou dès le début de la conversation.
Les regards furtifs, les soupirs, les postures bizarres, les paroles inaccoutumées, des absences ou présences soudaines, des gestes maladroits ou déplacés, des manières, des sifflotements, des airs… sont des manifestations intéressantes de la présence d'un **non-dit**.
colères - conflits absurdes - manies.

30. C. Rodet, **Relations entre les générations**, Université Catholique de Lyon.

31. C. Delassus, **Le secret ou l'intelligence interdite**, p. 64.

32. A. Zempleni, La chaîne du secret, in **Nouvelle Revue de Psychanalyse n° 14**, Gallimard, 1976, p. 318.

Les lapsus, ou **actes manqués** révèlent souvent ce que le détenteur met tant d'énergie à dissimuler, au même titre que certains **rituels ou autres manies et obsessions**.

> Antoine était un bon père de famille, marié, deux enfants : Eric et Nathalie. Eric se marie et peu de temps après, Antoine devient grand-père, un vrai bonheur. Sa petite fille se prénomme, Aline. C'est Eric qui a choisi le prénom.
> Apparemment tout va pour le mieux, seulement, ce que nous remarquons, c'est qu'en présence de cette petite Aline, le grand-père est souvent tendu, énervé, à cran… Et puis chose étrange, il appelle toujours Aline, Nathalie ?
> Pourquoi se trompe-t-il sans même s'en rendre compte ? C'est étrange. Nathalie s'interroge, Aline apprécie moyennement les erreurs de son grand-père, et se demande ce qu'elle a bien pu faire pour mériter tant d'agressivité à son égard.
> Ce qui semble étonnant, c'est que tous attendaient avec joie l'arrivée de cet enfant ! Même la grand-mère s'est rendue disponible pour s'occuper de sa petite fille « comme si c'était la sienne », disait-elle.
> Nous apprendrons plus tard que cet homme avait un enfant adultérin. Il avait toujours gardé ce secret, son épouse s'en doutait bien mais… avait oublié !
> Cet enfant adultérin s'appelait « comme par hasard » : Aline. Et Antoine l'appelait toujours comme sa fille !

Ainsi, le détenteur laisse passer des indices qui sont captés par le destinataire.

Nous voyons là, tout le paradoxe du secret de famille, toute son ambiguïté : Il est *« à la fois enfoui tout en étant exhibé. »*[33]

En fait, le secret de famille est un savoir caché qui est contenu mais d'une manière ou d'une autre « **il faut que ça sorte !** ».

Il semblerait que le secret, dans ses caractéristiques et manifestations, soit au cœur de la problématique anale.
Il est d'ailleurs intéressant de noter que selon Arnaud Lévy *« Secret et excréments sont en parenté étymologique »*.

Voyons maintenant, à travers *Festen*, les sécrétions de ce secret « merdique ! ».

« Plus le secret est lourd, plus le désir de s'en débarrasser est fort, autant pour celui qui en est l'instigateur que pour celui qui en est le dépositaire. »[34]

Dans *Festen*, nous repérons rapidement **des comportements étranges**. Ce sont souvent **des indices très précieux**, autrement dit des attitudes qui ne trompent pas !… Dès que Christian lui demande si tout va bien, Michael met

---

33. C. Delassus, op. cit., p. 69.

34. Ibid., p. 165.

brusquement femme et enfants hors de la voiture pour être seul avec son frère. Ne serait-il pas en train de mettre en acte envers les siens, ce qui lui est arrivé enfant ? En effet depuis son plus jeune âge, il vivait en pension en Suisse, donc toujours absent de la maison, autant dire exclu !

Hélène semble être au garde-à-vous, vis à vis de son père. Elle prend des risques inconsidérés en roulant à une vitesse folle pour être à l'heure et accueillir ainsi les invités. Elle fume beaucoup de cigarettes et autre drogue douce. Elle est toujours sur le **Qui-vive**.

Sur le perron, Michael pince la poitrine d'Hélène. *« Ça ne se fait pas, je suis ta sœur ! »* lui dit-elle. Que signifie ce geste ?
Quand Christian retrouve son père pour le prévenir que ses invités l'attendent, Helge lui impose de s'asseoir et Christian impressionné, obéit comme un enfant soumis. Quand Christian comprend que la chose si « importante » que son père voulait lui dire n'était en fait qu'une blague, il se met à sourire. Helge ne le supporte pas, s'emporte et demande à Christian de lui dire ce que ses blagues lui ont fait et se fâche en exprimant qu'il n'y a plus de respect comme avant. À ce moment précis, nous voyons Christian s'essuyer le pourtour de la bouche de façon nerveuse et écœurée.

Helge, seul avec Christian ou en présence de ses invités, s'essuie régulièrement les mains et de façon extrêmement méticuleuse, on voit bien qu'il s'agit d'une manie, autant que celle qu'il avait de prendre des bains à répétition. Comme le précise Christian : *« Helge est quelqu'un de propre. Il faut que cela se sache. »* Cette obsession de la propreté chez Helge cache en réalité ce qu'il mettait en acte. Il abusait sexuellement de ses enfants, il les « salissait » physiquement et moralement. Et bien évidemment, « **il s'en lavait les mains** » au sens propre comme au sens figuré.
Compte tenu de ces troubles obsessionnels, et de l'abus sexuel envers ses enfants, on peut se demander si Helge, enfant, n'aurait pas, lui aussi, été abusé ? Que cherche-t-il en se nettoyant les mains continuellement, en prenant ces bains à répétition ? Cherche-t-il à nettoyer la souillure qu'il imposait à ses enfants, ou celle qu'il aurait subi lui-même ?

Linda, la sœur jumelle de Christian s'est suicidée un an auparavant. Elle s'est suicidée en se noyant dans sa salle de bain. Le lieu est bien évidemment loin d'être anodin.

Elsa, la mère, semble ailleurs, comme absente. Son sourire omniprésent nous donne l'impression qu'elle porte un masque.

Avant le repas de famille, pendant ce temps que chacun s'octroie pour se préparer, Hélène découvre la lettre de sa sœur Linda. Elle devient donc à ce moment là *dépositaire* du secret. Elle est seule à connaître le contenu de cette

lettre. Elle aurait pu, tout simplement faire disparaître ce document compromettant, en le brûlant par exemple, mais là se manifeste **le paradoxe du secret : il ne faut pas que cela se sache, mais, tout aussi impérativement, il ne faut pas oublier !** Elle décide de cacher la lettre, et pas n'importe comment. Sans réfléchir, elle prend un long tube, roule la lettre et l'enfonce dans ce tube en disant : *« Il faut que ça rentre, il faut absolument que ça rentre ! »* Reconnaissons que la symbolique sexuelle est évidente.
Maintenant elle sait, elle connaît le secret. Elle devient *détentrice* du secret. Ses attitudes vont se modifier.
Au moment de l'apéritif, quand tout le monde se retrouve, Hélène aperçoit Christian, elle lui sourit de façon artificielle comme si elle le voyait pour la première fois depuis longtemps, alors qu'ils se sont retrouvés quelques heures auparavant. Après lui avoir souri, elle baisse les yeux et ne cherche qu'une chose : le fuir ! Elle parle de tout, de rien, avec les uns et les autres, tout en fumant beaucoup. Son malaise est flagrant.

Helge prononce un discours très émouvant sur sa famille, ses enfants... Christian le regarde et semble totalement écœuré par ce qu'il entend. Un tic de dégoût agite son visage.

C'est le moment de passer à table. Christian va proposer le premier toast. On le voit qui hésite, il semble particulièrement essoufflé. Il se lève, et quand il annonce l'intitulé de son discours, *« Quand père prenait son bain ! »*, Elsa, la mère, se met à rire nerveusement et son mari Helge semble craindre quelque chose. Quand Christian évoque le fait que Helge voulait toujours prendre des bains, Hélène renverse un verre, manifestement, ces mots la perturbent, on la voit très mal à l'aise, *« merde »* dit-elle. Elle regarde fixement son frère l'angoisse au ventre, elle prend un verre de vin et boit plusieurs fois de suite comme pour avaler quelque chose de difficile qui ne passe pas ! Et ce qu'elle craignait arrive, c'est la révélation du secret.

Comme nous l'avons observé, **toutes ces attitudes étranges, expriment la présence du secret**. Certains mots sont également plus qu'évocateurs. *« Le porteur du secret voudrait pouvoir se soulager du secret brûlant qui l'habite et c'est pour cela qu'il va prononcer, à son insu, des mots, des lapsus qui trahiront de manière voilée, cryptée, ce qui reste indicible. »*[35]

Dans *Festen*, les mots ne manquent pas pour traduire l'indicible.

« Ma patrie, c'est beau Putain ! », « Putain, c'est mon frère, Putain, merde »

« T'es cinglé Michael ! », « Ça a un peu merdé la dernière fois, j'étais complètement bourré, et puis ça s'est mis à dérailler. »,

35. Ibid.

« Il n'y a plus de respect comme avant ! »
« Ça reste un secret… un secret… comme d'habitude. »
« Il faut que ça rentre, il faut que personne puisse le trouver ! », « Histoires un peu salaces ! », « Quand on pense aux **petits bouts de choux craquants** *que vous étiez ! »…*

Que ce soit dans les attitudes ou dans les mots, *« un secret suinte. »*

Et non seulement un secret suinte, mais *« un secret risque toujours d'en cacher un autre ! ».*[36]

Dans Festen, d'autres sécrétions sont apparues. Quand Helge décide qu'il est l'heure d'appeler tout le monde pour l'apéritif, voici ce qu'il dit : *« Montrez-moi les billets de train, montrez-moi vos titres de transport ! Allez dedans tout le monde ! »*

Cette phrase m'a interpellée, elle m'a rappelée la seconde guerre mondiale et ces convois qui partaient pour les camps de la mort.
Je me suis dit que Helge pouvait avoir entendu ce genre de phrase dans son enfance et qu'à son insu, il la répétait sans conscience de ce que cela pouvait évoquer si clairement. De plus, le choix du maître de cérémonie ne semble pas anodin, comme il le dit lui-même : « Je suis Allemand, Cologne, la Ruhr, les aciéries ! » Est-ce bien nécessaire de faire référence à cela sinon pour exprimer l'inexprimable ? D'ailleurs à ce moment précis, Helge se met à tousser et certains invités font semblant de rire. Cela traduit une gêne évidente.
Un peu plus tard dans la soirée, Hélène accueille son ami Gbartokai. Michael ne supporte pas de voir sa sœur embrasser un homme noir, c'est la bagarre, jusqu'à ce qu'Hélène traite son frère de **nazi** ! Ce mot le cloue sur place, Michael s'arrête net !
Quand Christian lève son verre et demande à tous de porter un toast à l'homme qui a tué sa sœur, il est emmené de force par plusieurs hommes qui ne se gênent pas pour le battre à coups de pied. Quelle violence !

Après la révélation du secret, l'ami d'Hélène s'inquiète du sort de Christian. Michael se sent très mal à l'aise et invite tout le monde à chanter. Tous entonnent alors une chanson raciste.

Toutes ces attitudes, tous ces mots, laissent supposer l'éventualité d'une collaboration avec les nazis, pendant la deuxième guerre mondiale. Ceci n'est qu'une hypothèse bien entendu, mais de nombreux indices nous permettent de le supposer.

---

36. S. Tisseron, **Secrets de famille, mode d'emploi**, 1996, p. 52.

1 secret peut en cacher 1 autre

Derrière ce terrible secret qu'est l'inceste, on peut donc émettre l'hypothèse d'un autre secret : la collaboration avec les nazis. Cela concernerait le grand-père, autrement dit, le père de Helge, car par déduction, Helge qui fête aujourd'hui ses 60 ans ne devait être qu'un petit enfant pendant la guerre.

Passé nazi ? Peut-être ?

Une autre supposition apparaît dans ce film : Est-ce que Helge n'aurait pas été abusé lui-même par son propre père ? Ce qui laisserait supposer que son attitude envers ses propres enfants ne serait que **la répétition** de ce qu'il aurait subi lui-même ? C'est la blague « un peu salace » du grand-père qui nous laisse le supposer, ainsi que son obsession de la propreté, comme s'il voulait désespérément se laver de souillures incrustées en lui. D'ailleurs, tout à la fin du film, quand Helge reconnaît très clairement aux yeux de tous, ce qu'il a fait à ses enfants, il termine son propos en disant : *« Et toi, Christian, je peux bien te le dire... »*
On s'attend à une autre révélation, c'est le silence et... non, il ne dit rien de plus, comme si cela lui était impossible.

Quels sont ces autres secrets que cache cette famille ?... Nous ne les connaîtrons jamais ! Mais au fond, le contenu n'est pas le plus important. Ce sont les effets de la présence du secret de famille qui importent. Et l'analyse de *Festen* nous permet de réaliser combien le secret tente de se dire tout en restant caché. **Quel que soit son contenu, le secret cherche toujours à s'évader**. *« Freud rappelait déjà que « celui qui a des yeux pour voir et des oreilles pour entendre constate que les mortels ne peuvent garder aucun secret. » « Celui dont les lèvres se taisent bavarde avec le bout de ses doigts. Il se trahit par tous ses pores. »*[37]

Les sécrétions nous renvoient à **la problématique anale du secret**, parfaitement bien mise en évidence dans ce film. Je ne compte plus le nombre de fois que nous entendons le mot « merde » dans *Festen*, c'est absolument effarant.

Maîtrise et domination sont les deux caractéristiques principales du patriarche.

Helge dominait ses enfants. Il les possédait comme des objets pour son bon plaisir. L'autre n'avait aucune importance. En fait, l'autre n'existait pas. Dominer, maîtriser, exterminer l'autre : voilà ce qui comptait. D'ailleurs à la fin du film, après la révélation, quand Christian veut comprendre : *« Je*

---

37. A. Ancelin Schutzenberger, **Aïe mes aïeux !** Desclée de Brouwer/La méridienne, 1993, p. 69.

n'ai jamais compris pourquoi tu faisais cela ! » La seule réponse fut : « *C'est tout ce que vous valiez !* »

Helge considérait ses enfants comme de la m.....

Ceci est confirmé par le fait que « *le propre de l'anal c'est de vouloir dominer l'autre à la façon de l'excrément. Il faut à la limite qu'il réduise l'autre à l'état d'objet, au statut d'esclave, en lui ôtant sa singularité, son unicité... on trouve un exemple de ce processus de l'agression anale poussée à bout dans la mise en place des camps de concentration nazis. Ainsi le commandant du camp d'Auschwitz appelait ce lieu : "l'anus du monde."* »[38]

Helge est la caricature extrême de l'homme que Freud qualifie de sadique-anal ! Il est évident que personne ne devait connaître son terrible secret.

En effet, « *Les secrets honteux sont gardés en fonction de la menace narcissique qu'ils représentent, menace d'une dévalorisation de celui qu'ils concernent* »[39]. Ces secrets sont tellement bien gardés, que dans certains cas, le détenteur lui-même les exclut de sa conscience, on parle de **clivage**.

Le clivage

Le clivage du détenteur de secret

Le porteur d'un secret souhaite parler de ce qu'il a vécu, et à la fois, cela lui est très difficile voire impossible, car l'événement est trop douloureux, trop honteux. L'image de soi, l'image de la famille est menacée... Dire ? Ne pas dire ? **L'individu est toujours partagé** : « *d'un côté il désire communiquer les événements gardés secrets de façon à pouvoir les partager et les intégrer à sa personnalité consciente, mais d'un autre côté... il aimerait bien se débarrasser des événements qu'il garde enfouis sans jamais devoir faire l'effort de les mettre en mots.* »[40]

Parler est souvent impossible car cela risquerait de raviver des souffrances vécues lors de l'événement douloureux voire traumatique.

Dans certains cas, la personne partagée par son secret trouve une oreille attentive parmi ses amis intimes (que l'on nomme *dépositaires*).

38. J. F. Skrypczak-R. Burlet., **1 à 3 ans vers une personnalité autonome**, Chronique Sociale, 1989, p. 32.

39. A. Levy, **Évaluations étymologique et sémantique du mot secret**, p. 128, 129.

40. Revue ***Différences***, p. 11.

Ainsi elle peut à la fois en parler à quelqu'un et s'en parler à elle-même. C'est le cas de Christian dans le film qui, grâce à son ami Kim, avait pu mettre en mots son terrible secret. Il avait pu parler et être entendu et reconnu dans ses propos. *« Mais il existe aussi des situations dans lesquelles celui qui garde un secret ne peut même pas s'en parler à lui-même. »*[41]

C'est émotionnellement trop fort, totalement insensé, insupportable, impossible à intégrer, impossible à « digérer » ! La personne ne peut pas s'approprier l'événement, elle ne peut pas se donner des représentations claires de ce qu'elle a vécu, elle ne peut pas l'assimiler. On dit qu'elle ne peut pas l'introjecter.

Devant **l'impossibilité d'introjection** du fait que rien n'est dit, rien n'est partagé avec une autre personne, le sujet élabore un autre processus : **l'inclusion**.

Cela *« consiste dans l'enfermement, à l'intérieur du Moi, de l'ensemble des sensations, des émotions, des impulsions d'actes, des pensées et des fantasmes mobilisés chez un sujet par une situation inassimilable. »*[42]

Comme nous le disait Serge Tisseron, lors d'un colloque : *« Ce qu'il a vécu est enfermé dans une espèce de placard psychique dont il finit bien souvent par perdre la clef et par oublier l'existence alors qu'il détermine certains de ses comportements »*. Le détenteur « met de côté » tout ce qui pourrait raviver sa honte, sa douleur, sa culpabilité.

N. Abraham et M. Torok parlent d'une *« installation au sein du Moi d'un lieu clos, d'une véritable crypte... »*[43]
La personne se coupe d'une partie d'elle-même *« en constituant une crypte dans son psychisme, lui permettant de faire comme si tout allait bien par ailleurs dans sa vie quotidienne. »*[44]

Le détenteur du secret a souvent une vie sociale normale. Par contre, c'est au sein de la sphère familiale que les troubles de la communication apparaissent. En effet, du fait qu'aucun mot ne soit mis sur l'événement, il n'y a pas de représentations verbales mais le détenteur du secret se donne des *« représentations sensorielles, émotives et motrices »* et parfois imagées. Quand le secret douloureux est ravivé « au hasard » d'un geste, d'une parole, d'une image etc, *« ces formes de symbolisation envahissent le sujet sans*

---

41. Ibid.

42. S. Tisseron, **La filiation empoisonnée par un secret**, p. 3.

43. N. Abraham, M. Torok., **L'écorce et le noyau**, Paris, Flammarion, 1987, p. 297.

44. C. Delassus, **Le secret ou l'intelligence interdite**, p. 161.

qu'il puisse souvent lui-même en reconnaître la cause. » Des réactions inattendues se manifestent sous forme d'humeur changeante, d'angoisse, de modifications brutales de comportements, de malaises et autres attitudes surprenantes. *« Ces perturbations relationnelles peuvent porter leur ombre sur le conjoint... Mais c'est en règle générale sur ses enfants que les conséquences de ces oscillations et de ces symbolisations partielles sont le plus intenses. »*[45]

Observons **les manifestations du clivage des détenteurs** du secret de famille.

Christian, tout d'abord, avait réussi à confier son terrible secret à son ami d'enfance, il avait pu mettre des mots sur ce qu'il avait subi. Son ami l'avait cru sur paroles, ainsi Christian avait été entendu et sa souffrance avait été reconnue. Il semblerait que le clivage chez Christian se manifeste principalement sur le plan affectif et sexuel. Il est coupé d'une partie de lui-même. Nous savons que Christian et Linda sa sœur jumelle étaient très proches affectivement parlant. Quand Hélène, sa sœur aînée le retrouve et lui dit : *« C'était un enterrement génial, non ? »*, Christian ne réagit pas particulièrement. Il confirme seulement les propos d'Hélène.

Juste avant le repas, chacun dispose d'un temps libre. Christian est dans sa chambre en présence de Pia qui semble très amoureuse de lui. Elle est allongée sur le lit. Christian, lui, reste dans un fauteuil face à elle. Malgré des avances amoureuses extrêmement claires, Christian ne réagit pas. Il reste songeur, il boit, il est ailleurs. Il finit par s'endormir sous l'effet de l'alcool. *« Où tu es cher, cher Christian ? »* lui chuchotera tendrement son amie.

Helge est à l'origine de ce terrible secret, il en est l'auteur. **Dire est impossible et se le dire à soi-même est insupportable**. Nier l'événement est préférable. C'est ainsi que Helge s'est sûrement coupé d'une partie de lui-même en constituant une crypte dans son psychisme, ainsi cela lui permet de continuer à vivre comme si de rien n'était !

Helge est très déroutant dans ses attitudes et réactions. Il passe sans transition du calme à la colère, il s'attendrit sur des mots et d'un seul coup redevient l'homme d'acier.

Il convoque Michael d'urgence, et quand celui-ci arrive précipitamment, il lui dit que ce n'est pas le moment, etc. Le moins que l'on puisse dire c'est que Helge est d'humeur changeante, que ses comportements sont des plus inattendus et cela génère une communication tout à fait paradoxale, et pour cause, puisque *« le clivage est la traduction structurale dans le psychisme*

45. Revue ***Différences***, pp. 10-11.

d'une injonction paradoxale : le sujet isole alors dans un coin de son esprit tout ce qui se rapporte à cette expérience douloureuse.
L'esprit est divisé, clivé en deux parties : une partie conserve dans sa mémoire, à l'insu du sujet, les émotions et les faits se rapportant à l'événement traumatique ; l'autre partie du psychisme fonctionne normalement. L'esprit est scindé en deux parties cloisonnées, n'ayant pas d'échange entre elles. Le sujet laisse en quelque sorte en suspens, dans un coin de son esprit, ce qui le gêne et risque de le faire souffrir... »[46]. C'est tout à fait manifeste chez Helge.

Quand Helge retrouve Christian, il lui fait comprendre qu'il doit l'entretenir de quelque chose de très important et... lui raconte une blague.
Dès que Christian se moque un peu de lui en souriant, Helge se met en colère : *« Il n'y a plus de respect comme avant ! »* On peut supposer que le fait de lui résister est insupportable et ravive les souvenirs d'une certaine époque. Le ton ferme, autoritaire, cassant fait place à des paroles chaleureuses. Le chaud et le froid se côtoient.

La fête va commencer. C'est dans une ambiance joyeuse que Helge signifie à tout le monde de rejoindre le grand salon. Par contre, c'est avec une froideur extrême qu'il somme Michael de le rejoindre dans les cinq minutes. C'est apparemment très important. Michael se précipite pour répondre à l'ordre de son père, et là surprise ! *« Bonjour mon garçon, on parlera plus tard »*.
Cette façon d'agir est très perturbante, il n'y a pas de nuances. Ce qui était chaleureux devient glacial, ce qui était lumineux s'assombrit d'un coup.
Au moment de l'apéritif, Helge prononce un discours, on le voit s'émouvoir concernant sa fille Linda décédée l'année précédente... et dans une volte-face époustouflante, se ressaisit et propose à tous une très bonne soirée.

Le repas commence et Christian propose de faire un petit discours intitulé : « Quand père prenait son bain ». À ces mots nous voyons Helge particulièrement inquiet, il ne bouge pas, il est comme tétanisé.

Quand Christian fait sa révélation devant tout le monde, il ne se passe **rien**. Helge se tait, puis se contente de commander du vin pour tout le monde. C'est **le déni total** de la part du patriarche.

Un peu plus tard, Helge et Christian se retrouvent pour parler « entre quatre yeux », à la demande de Helge. Et là, le dialogue nous abasourdit : « Ma mémoire doit avoir une défaillance, je commence à prendre de l'âge...
Ces choses, tout à l'heure, dont tu as parlé... Je ne m'en souviens pas du tout. Faut que tu m'aides Christian, dis-moi ce qui s'est passé. Parce que tu

46. C. Delassus, **Le secret ou l'intelligence interdite**, op. cit., p. 159.

comprends, ce dont tu as parlé c'est criminel, c'est une affaire très grave... » Sur ce, il propose à son fils de ne pas se tracasser et lui signifie qu'il a été heureux de le revoir. On a du mal à croire que cela puisse être possible d'être clivé de la sorte !

Christian ne peut en rester là, il revient à table et Helge semble plus que contrarié.

Quand Christian reprend la parole et propose de lever son verre à « l'homme qui a tué sa sœur », Helge ne le supporte pas et exprime que Christian est malade, complètement malade ! La crypte est vraiment solide chez Helge. D'ailleurs, passé le moment de panique pour les invités, nous retrouvons Helge et Christian seuls en tête-à-tête. Helge fait preuve d'une mémoire extraordinaire concernant l'enfance de Christian, et affirme que déjà il avait l'esprit malsain et détraqué.

Dans cette scène nous voyons *« le corollaire du clivage : la projection. Par le biais de la projection, un parent peut rejeter au-dehors de sa conscience des représentations désagréables ainsi que les émotions qui y sont liées en les projetant sur une personne de son entourage. »*[47]

Pour Christian, cette situation est insupportable, et quand tout le monde reprend place, il se lève et s'exprime encore. Il est emmené de force à l'extérieur. Christian dérange ! Helge, reste imperturbable et on l'entend même exprimer que cette situation lui fait peine.
En fin de soirée, Hélène lit la lettre de sa sœur Linda. Cette lettre confirme les propos de Christian, et pourtant on dirait que Helge ne les entend toujours pas. *« C'est une très belle lettre, merci ma fille. »*

C'est le silence total, personne ne dit mot, personne ne bouge. Helge s'emporte, perd le contrôle de lui-même. Christian l'interpelle à ce moment là. Enfin une fissure dans la crypte se dessine. Helge reconnaît enfin la vérité en lançant agressivement : *« C'est tout ce que vous valiez ! »*

Elsa, la mère, semble toujours ne rien voir, ne rien entendre. Elle détient au fond d'elle un savoir sur un événement qu'elle n'a pas pu mettre en mots. Elle a vu, mais c'est comme si elle s'autopersuadait qu'elle n'avait rien vu et jamais rien su ! Elle possède en elle « une crypte » qui n'est ni plus ni moins que « **le déni de ce qui est** »[48] et grâce à cela, elle mène une vie sociale tout à fait normale.
Dès qu'elle entend l'intitulé du premier discours de Christian, elle se met à rire nerveusement.

---

47. Ibid., p. 169.

48. N. Canault, **Comment paye-t-on les fautes de ses ancêtres ?**, Desclée de Brouwer, 1998, p. 49.

Quand Christian révèle son secret, elle lui demande de la discrétion, en faisant « chut » du bout des lèvres, on croit rêver ! On dirait qu'elle s'adresse à un enfant qui aurait dit un vilain mot.

Que l'ambiance soit joyeuse ou grave, elle sourit toujours. Comme pour nier qu'il puisse y avoir problème.

Quand Christian révèle qu'il était violé par son père, quand Christian accuse son père d'être un assassin, Elsa sourit toujours et encore !

Malgré les propos de son fils aîné, malgré le suicide de sa fille Linda, elle se lève très digne et remercie, devant tous, son mari : *« Tu m'as donné, Helge, tout ce qu'une épouse pouvait espérer. Ces trente années ont été merveilleuses. »*, puis en bonne « complice inconsciente » de Helge son époux, bien entendu, elle exprime devant tout le monde combien Christian a toujours été quelqu'un de spécial, à l'imagination débordante. Ainsi, tout le monde peut croire à ce dont elle s'est persuadée elle-même : que son fils Christian est un peu dérangé, et qu'il dépasse les bornes. Convaincue de cela, elle exige des excuses !

Christian se met à boire verre sur verre. La pilule est difficile à avaler ! Il regarde fixement sa mère, droit dans les yeux, et **ne dit rien**. Cette scène dure suffisamment longtemps pour qu'un malaise s'instaure et qu'Elsa soit ébranlée dans ses convictions. « La crypte » s'effondre un peu à ce moment là. Mais quand même, c'est là que nous mesurons **la force du clivage**.

Il lui faudra le choc provoqué par la résistance de Christian, la lecture de la lettre de sa fille Linda, la violence de Michael envers son père et enfin l'aveu de Helge lui-même pour qu'Elsa réalise enfin les propos de Christian.

Concernant Hélène, nous voyons l'effet « du clivage du détenteur » dès qu'elle devient *dépositaire*, après avoir lu la lettre de sa sœur Linda. **Elle sait mais ne veut pas savoir !** Elle semble très perturbée quand Christian commence à parler. Toutefois elle nie les propos de son frère : « J'espère qu'aucun de vous n'a pris les paroles de Christian au sérieux. Si c'était vrai, j'aurais été la première informée. » En fait, dans la réalité, elle est la première informée puisque c'est elle qui découvre la lettre, mais en fait, au fond d'elle, c'est comme si elle ne savait rien.

C'est loin d'être surprenant en fait, car jusqu'à la découverte de la lettre de sa sœur, Hélène était dans la même situation que Michael. En somme, elle était *destinataire*, elle était concernée par le secret mais ne le savait pas consciemment. Et comme nous le précise S. Tisseron, *« Les troubles liés à un secret ne disparaissent pas forcément avec la divulgation de celui-ci ! »*.

« L'empreinte du secret ne s'efface pas si facilement ! »[49]. La personnalité d'Hélène s'est construite d'une certaine façon au contact de ses deux parents clivés et malgré sa découverte, nous voyons qu'Hélène continue à vivre de façon clivée. Une fois que la lettre de Linda a été cachée, c'est comme si elle n'avait jamais existé.

C'est parce que Christian la lui redonne et que l'ensemble des invités lui demande de lire ce billet secret, qu'elle peut accéder enfin à une réelle prise de conscience.

Nous venons d'observer les effets du clivage sur les détenteurs, voyons maintenant ce qu'il en est des destinataires.

Le clivage du destinataire, le travail du fantôme

« Rappelons-nous ce que disait Dolto : Ce qui est tu à la première génération, la seconde la porte dans son corps. »[50]

Face au clivage de son parent, l'enfant se clive également mais cette fois le clivage concerne l'ensemble de sa personnalité.

En tant que *destinataires* primaires, nous nous intéresserons particulièrement à Michael ainsi qu'à Hélène, avant qu'elle ne devienne *dépositaire* du secret.

Nous avons vu précédemment que la présence du secret chez le détenteur génère des sécrétions, et *« l'enfant soudain ne reconnaît plus son parent. Il a l'impression que c'est le même, et pourtant que ce n'est plus le même. »*[51]

C'est donc extrêmement perturbant, incompréhensible et insécurisant au possible !

L'enfant vit des émotions particulières, il imprime dans son corps des sensations fortes mais s'interdit d'en exprimer quoi que ce soit. Ces expériences, ces émotions, ces sensations sont clivées à leur tour. Sans comprendre le sens, l'enfant sent bien qu'il y a des domaines douloureux pour son parent, qu'il vaut mieux éviter. Ainsi, il apprend à cacher ses sentiments, ses idées. En fait, il se ment à lui-même par amour pour son parent. Il se sur-adapte en somme. Cela génère des troubles importants dans sa vie personnelle et relationnelle, et bien évidemment cela perturbera la communication qu'il aura avec ses propres enfants.

---

49. C Delassus., **Le secret ou l'intelligence interdite**, p. 172.

50. C Delassus., p. 145.

51. S. Tisseron, **La filiation empoisonnée par un secret**, p. 5.

« Lorsqu'un événement est gardé secret, il divise en effet toujours le psychisme de celui qui le garde. Cette division « sécrète » des conduites et des paroles contradictoires ou paradoxales pour l'enfant... Confronté à une telle situation, un enfant finit toujours par apprendre à fonctionner avec un psychisme divisé. »[52]

D'un côté, il ressent qu'on lui cache quelque chose, mais d'un autre, il fait comme si tout allait bien, comme si le secret qu'il pressentait n'existait pas. Il fait ainsi une gymnastique psychique extraordinaire pour repérer les différents domaines qu'il convient de ne pas aborder pour ne pas faire souffrir son parent, et à la fois il fait comme s'il n'avait rien remarqué, *« il inaugure avec le monde une relation faite de repli plus ou moins poli. Parfois, ce repli favorise l'investissement dans des activités intellectuelles ».*

Nous l'observons avec Hélène qui a suivi des études d'anthropologie.

« Mais d'autre fois, l'enfant perd toute confiance en lui-même ou dans l'adulte. Ses possibilités d'apprentissage peuvent alors en être gravement perturbées. Il peut aussi céder à l'angoisse de la situation et développer divers troubles allant de la "crise de nerfs" à diverses formes de phobies »[53].

Ceci est criant chez Michael. Manifestement il n'a pas fait de hautes études, comme le dit sa mère « tu n'es pas devenu chef. » Son père également lui demande de faire des efforts et de se comporter comme un homme normal et bien éduqué. On peut tout à fait supposer qu'il a de réelles difficultés d'apprentissage. Michael est très fragile nerveusement, il est sujet à des crises de nerfs, il s'emporte très facilement et devient totalement sauvage tant dans ses mots que dans ses comportements. Il est totalement angoissé à l'idée de déplaire à son père. Michael le dit lui-même, il déraille parfois !

Michael et Hélène ont reçu en héritage de **l'indicible** sur un événement grave et ils se retrouvent au niveau de **l'innommable**. Le ou les secrets *« ne peuvent faire l'objet d'aucune représentation verbale. Leurs contenus sont ignorés et leur existence seule est pressentie et interrogée. »*[54]

Il y a un secret grave au sein de la famille, mais le destinataire ne le connaît pas. Quelque chose rôde dans les parages, c'est une présence mais de qui, de quoi ? Mystère !

---

52. Revue ***Différences***, p. 9.

53. S. Tisseron, **La filiation empoisonnée par un secret**, p. 6.

54. Revue ***Différences***, p. 11.

Comme le dit Hélène, alors qu'elle est encore destinataire à ce moment-là : *« Il y a toujours eu des fantômes dans cette famille »*. Cette phrase est extraordinaire car elle reprend la théorie du fantôme de N. Abraham et M. Torok.

« Un fait est certain : le « fantôme » – sous toutes ses formes – est bien ***l'invention des vivants****. Une invention, oui, dans le sens où elle doit objectiver, [...] la lacune qu'a créée en nous l'occultation d'une partie de la vie d'un objet aimé »*[55].

L'objet aimé est Linda. Elle s'est suicidée un an auparavant.

Par un « hasard » de circonstance, Hélène se retrouve dans la chambre de sa sœur, là où a eu lieu le suicide. Hélène semble très impressionnée par les lieux, ainsi que Lars, le maître d'hôtel qui l'accompagne. Hélène exprime combien ça fait froid dans le dos et dit combien cela la met mal à l'aise. « On dirait que la chambre est hantée. »

En réalité : *« Ce ne sont pas les trépassés qui viennent hanter, mais les lacunes laissées en nous par les secrets des autres »*[56].

En résumé, les détenteurs du secret portent en eux une « **crypte** » selon les termes de N. Abraham et M. Torok.

Dans cette crypte, il y a le contenu du secret qui ne peut se dire, mais le destinataire, lui, en subit les effets sans y comprendre quoi que ce soit – et pour cause – puisque rien n'a été dit !

« Ces effets, sur un sujet, du secret inavouable d'un autre » sont ce que Nicolas Abraham nomme le « **fantôme** ». *« Le fantôme est le travail dans l'inconscient du secret inavouable d'un autre (inceste, crime, bâtardise etc.) »*[57]

Ce secret inavouable est en quelque sorte enterré vivant dans l'inconscient du détenteur, ce secret hurle sa présence chez le destinataire, mais le destinataire n'a pas le code d'accès pour ouvrir les écoutilles. Ce bruit est insupportable, les décibels dépassent la limite du supportable, cela détruit la personne de l'intérieur, mais comment faire pour l'éliminer ?

« Le fantôme est une formation de l'inconscient qui a pour particularité de n'avoir jamais été consciente – et pour cause – et de résulter du passage – dont le mode reste à déterminer – de l'inconscient d'un parent à l'inconscient d'un enfant »[58].

---

55. N. Abraham, M.. Torok, **L'écorce et le noyau**, Flammarion, 1987, p. 427.

56. Ibid.

57. Ibid., p. 391.

58. Ibid., p. 429.

Le fantôme est une sorte d'inconnu, d'étranger venu d'ailleurs qui s'installe insidieusement dans la maison du destinataire sans lui demander son avis. Le destinataire sent bien la présence d'un autre en lui mais ne peut le localiser, l'interpeller, faire sa connaissance : il ne peut que subir les effets d'une présence indésirable. Le destinataire pressent quelque chose mais n'en connaît pas le sens.

Hélène possède en elle « un fantôme », mais elle veut comprendre. Elle n'est pas anthropologue pour rien. Elle cherche un indice, une piste, et finit par trouver.
À partir de ce moment-là, elle change de statut et devient dépositaire. Par contre Michael n'a pas les mêmes facultés, il semble inhibé intellectuellement parlant.

En fait *« Il y aurait d'un côté ceux qui cherchent et de l'autre, ceux qui ne veulent pas savoir ou qui s'en empêchent »*[59].

C'est tout à fait le cas de Michael. Son désir de savoir et de comprendre est totalement refoulé. Ceci nous apparaît clairement quand Christian lui dit : « Michael, tu étais en pension en Suisse, tu ne sais rien du tout, mais tu le sais quand même, tu le sais, dis-le, mais dis-le ! »
Michael ne peut que répondre : « T'es malade, fous-moi la paix ! »

En fait, *« L'enfant qui vit une telle situation ressent comme profondément dangereux et interdit le chemin qui pourrait le mener au douloureux secret de son parent »*[60].

Michael, à qui rien n'a été dit, met en scène dans sa vie la présence du secret.

Ce secret lui fait violence depuis toujours et il l'exprime par son extravagance, sa vulgarité, sa grossièreté ainsi que par une absence totale d'intimité, de tendresse, d'amour et de respect de l'autre. Il n'a aucune limite !

Michael fait sortir ses enfants et sa femme de la voiture les obligeant ainsi à terminer le chemin à pied. Il pince les seins de sa sœur. Il trompe sa femme, s'impose à l'anniversaire de son père alors qu'il n'est pas invité, traite l'ami de sa sœur de macaque, se met dans des colères folles. Sa sexualité est des plus sauvages. Il boit souvent et parfois, selon ses dires, il se met à dérailler.

Ce n'est pas étonnant qu'il « déraille » parfois, parce que **la communication est totalement faussée**. Compte tenu du clivage de son parent, tout ce

---

59. C. Delassus, **Le secret ou l'intelligence interdite**, p. 187.

60. Ibid., p. 171.

que l'enfant perçoit en lien avec le secret est immédiatement nié. L'enfant subit un véritable « brouillage émotionnel. » Il y a de quoi être perdu.

Le contenu du secret se trouve en dépôt chez Helge (au sein de la crypte) et son fils Michael possède en lui l'empreinte d'une souffrance dont il ne connaît pas la cause !

« Ces deux lacunes sont deux pièces complémentaires d'un même puzzle. »[61]

Michael a idéalisé son père. Il a l'image d'un bon père de famille irréprochable et solide. D'ailleurs en apparence, tout semble tellement harmonieux dans cette famille. C'est sûrement lui « le mauvais », est-il en droit de penser, puisque depuis toujours on l'exclut de la famille. Il met alors tout en œuvre pour se faire aimer. Tout du moins, le croit-il. Il mobilise alors toute son énergie pour être irréprochable en société et digne de ce père extraordinaire et au-dessus de tout soupçon. Michael est totalement sous l'emprise de son père. Il lui obéit au doigt et à l'œil. Penser dans ces conditions est totalement impossible !

Les destinataires secondaires

On voit peu les enfants de Michael dans le film, donc il est difficile d'expliquer les répercutions de ce secret de famille au niveau de la troisième génération.

À leur niveau, ce qui était **innommable** devient totalement **impensable** !

« L'existence même d'un secret est ignorée. »[62]

Par contre, vue l'attitude de leur père, il n'est pas difficile d'imaginer que ces enfants développeront des troubles graves face à ces comportements excessifs et d'une extrême violence. On voit ces enfants totalement inhibés. En effet quand Michael voit son frère sur le bord de la route, il commence à « engueuler » sa femme, alors que tout ce petit monde allait gentiment à l'anniversaire du grand-père. D'un seul coup Michael s'énerve, s'emporte, critique son épouse qui manifestement se demande ce qui se passe.

Michael est heureux de revoir son frère, tout le monde se détend. Mette, l'épouse, sourit. Les enfants sont contents et dès que Christian demande à son frère si « ça va », Michael change de comportement, met toute sa famille

61. Ibid., p. 172.

62. Revue ***Différences***, p. 11.

hors de la voiture, oblige son frère à monter et laisse femme et enfants terminer la route à pied alors qu'il reste encore plusieurs kilomètres à faire. Mette se révolte, mais les enfants ne bougent pas, ne disent rien, ne pleurent pas.

Qu'adviendra-t-il de cette inhibition ?

Peut-être des « *troubles psychotiques, des formes graves de débilité, ou diverses formes de délinquance ou toxicomanie, qui interféreront bien entendu gravement avec les apprentissages* »[63].

Peut-être la filiation sera-t-elle rompue, cela arrive parfois « *parce que le poids à porter est trop lourd et empêche de se projeter dans l'avenir* »[64].

5. Les conséquences des effets des secrets de famille

L'identité de la personne

Par l'intermédiaire du mythe familial, on peut dire qu'il y a **erreur sur la personne**. En effet, dans le cas d'un secret de famille, le mythe n'est que mensonge, ce qui fait que les fondations mêmes de la personne reposent sur des sables mouvants. Ce que doit penser la personne est en contradiction avec la réalité. Mais pour être aimée, tout du moins c'est ce qu'elle croit, pour faire partie de la famille, la personne se conforme au mythe. Elle se ment à elle-même, sans en avoir conscience. En fait la personne dupée, trompée dès le départ, finit par se duper et se tromper elle-même et transmettra « **ce mensonge structurel** » à ses propres enfants.

Comment trouver son identité propre dans ces conditions ?

La personne s'identifie à ce qu'on lui dit d'être, d'autant plus que « *c'est à partir de ce qui fait sens pour ceux qui nous précèdent que nous nous construisons* »[65].

---

63. Ibid., p. 12.

64. C. Delassus, **Le secret ou l'intelligence interdite**, p. 179.

65. C. Rodet, **Relations entre les générations**, Université Catholique de Lyon.

Si le sens qui nous est donné est erroné, la personne est trompée dans son être profond.

Dans *Festen*, chacun joue un rôle bien défini. C'est comme si chacun n'avait pas le droit de vivre indépendamment de l'autre, d'être lui-même... Vu l'importance du mythe dans cette famille, chacun a intérêt à se taire. Ce qui empêche la parole de circuler, c'est **cette fidélité à une image parfaite** de la famille. La communication est alors totalement faussée !

Le paraître prime sur l'être. Le secret est tellement source de honte que le détenteur fabrique une autre vérité. L'enfant sent bien qu'il se passe quelque chose mais s'interdit d'en dire quoi que ce soit, il pressent une zone de souffrance chez son parent et culpabilise car il se sent responsable. L'enfant sent son parent fragile et il fera tout pour lui être agréable, pour ne pas le contrarier. *« Il va donc devoir prendre sur lui et faire des efforts inhumains pour devenir le protecteur et le consolateur de son parent. »*[66] C'est le monde à l'envers. Même Christian qui détenait le contenu du secret, se dérobe face à son père, tout du moins au début, quand ils se retrouvent seul à seul. Quand Helge lui explique qu'il ne se souvient de rien, Christian s'excuse et dit clairement à son père que ce n'est rien : « ne te fais pas de soucis, c'est rien, je suis juste à côté de mes pompes en ce moment... Ce n'est rien, oublie ! ». Grâce à cette scène, on voit bien que l'enfant est mis dans une situation difficile où il ne peut pas se différencier, ni s'affirmer.

Hélène défend coûte que coûte l'honneur de la famille. Elle se ment à elle-même. Michael souffre car il se croit responsable de toutes les tensions qu'il ressent. Il est totalement manipulé par son père, comme un pantin, mais ne se rend compte de rien. Il cherche désespérément un regard, une attention de la part de son père, une preuve d'amour, et il est prêt à tout pour cela. Il vit dans une dépendance totale vis-à-vis de son père.

L'enfant renonce *« à sa propre personnalité et à son identité, ce qui entraîne, dans une certaine mesure, un renoncement à son propre bonheur pour préserver celui de ses parents. »*[67]

Dans ces conditions, la confiance ne peut pas circuler entre les personnes car les relations ne sont pas authentiques. Chacun se demande qui sait quoi, qui dit vrai ou pas, un seul mot d'ordre : **la méfiance**.

---

66. C. Delassus, op. cit., p. 196.

67. Ibid., p. 199.

Le secret de famille détruit la confiance

Dans le cas d'un secret de famille, on ne sait pas trop qui sait quoi exactement. On se pose des questions, On est prudent. Vu l'enjeu que cela représente, la personne est sur le qui-vive. La personne détentrice d'un secret a peur que l'autre sache, devine, d'où la prudence, la méfiance… la personne ne sait pas exactement ce qui lui appartient en propre ou non. C'est terrible, cela génère une tension insupportable.

Les mots du secret sont évités et tout ce qui pourrait s'y rattacher de près ou de loin.

Pour éviter certaines questions ou certains sujets de conversation, les mensonges vont bon train et bien évidemment cela détruit la confiance. Les relations sont faussées et deviennent artificielles. L'enfant dont le parent est porteur d'un secret, ne peut pas parler de ses sensations, de ses doutes, de ses émotions. Il ne se sent pas en sécurité et à partir de là, il ne peut pas être lui-même. Il se conforme à ce qu'on attend de lui. Il se nie lui-même.

À partir de là, il éprouve les plus grandes difficultés à se fier à son ressenti, à ses observations. Il doute sans cesse de lui. Comme le dit S. Tisseron, *« tout être humain confronté au clivage d'un être proche et cher est conduit à douter de ce qu'il voit, entend, sent et pense, et mobilise une grande partie de ses possibilités psychiques pour résoudre les difficultés qui en résultent. »*

Dans ces conditions **la confiance en soi est quasiment impossible**.

D'autre part, celui qui est porteur d'un secret, est très souvent tenté, à son insu bien sûr, de le dévoiler (un mot par-ci, un lapsus par-là…). Le détenteur n'est jamais certain de pouvoir tout garder au fond de lui-même et *« quiconque n'est pas convaincu de la possibilité de garder secrètes ses propres pensées se sent rapidement persécuté ! »*[68]

C'est alors la **méfiance** qui prévaut.

La capacité de penser

Le secret de famille peut détruire la capacité de penser de la personne. Nous pouvons observer ce phénomène au fil des générations.

---

68. Revue ***Différences***, p. 8.

L'événement qui, au début, ne veut pas être dévoilé ou qui ne peut pas être exprimé, finit par être occulté par le détenteur lui-même. C'est dire si penser le secret est difficile !

Comme nous l'avons vu, le processus d'introjection est un processus de mise en mots de ses propres expériences. Quand cela n'est pas possible, il y a inclusion au sein du moi. Toutefois l'événement est symbolisé non pas sur un mode verbal mais sur un mode sensoriel, émotif et moteur ou imagé. Tout événement qui rappelle le secret génère des sécrétions et l'enfant du porteur initial du secret est confronté à des réactions qu'il ne comprend pas. Il reçoit de l'indicible accompagné de sensations, de malaises, d'angoisses dont il sent bien qu'il ne faut rien en dire, à tel point qu'il met en place un mécanisme pour oublier ce qu'il vient de vivre. « On ne parle pas de choses qui fâchent », et par voie de conséquence, on ne les pense pas non plus.

Très souvent, quand un parent refoule son désir de trahir le secret, nous constatons que l'enfant, lui, refoule en bloc tout désir de savoir ou de comprendre quoi que ce soit.

C'est ainsi que l'on voit des enfants devenir bêtes, par amour pour leurs parents. Cela leur permet de ne pas penser et sauvegarde ainsi le secret. Par fidélité inconsciente, l'enfant va s'interdire de penser. C'est trop dangereux pour lui, pour sa famille, tout risquerait de s'effondrer. C'est tout à fait flagrant pour Michael tout au long de *Festen.*

À la troisième génération, le secret **indicible**, devenu **innommable**, s'avère totalement **impensable**. L'événement inaugural est totalement impensable, deviner ou même imaginer quoi que ce soit est absolument impossible.

Très souvent, ces enfants ont des comportements apparemment dénués de tout sens. Cela peut se comprendre, dans la mesure où il y a eu de l'insensé dans les générations précédentes.

Secret de famille et cycle de vie

« Parfois le prix du silence se trouve être aussi le prix de la vie »[69].

C'est le cas de Linda, la sœur jumelle de Christian. Elle ne pouvait pas oublier, elle ne pouvait pas en parler, elle en est morte en se suicidant. Bien évidemment c'est le cas extrême, compte tenu de la nature même du secret.

69. C. Delassus, op. cit., p. 161.

Indépendamment de Linda, observons en quoi la présence du secret de famille nuit à la vie.
Manifestement, Christian n'a aucune vie affective et sexuelle. Il est dans ses pensées, comme coupé de son corps et de son cœur. Il n'a ni femme, ni enfants. Cela confirme le fait que dans certains cas de secrets de famille, la vie s'éteint.
Hélène prend des risques inimaginables en roulant à une vitesse folle. On la voit fumer énormément, boire beaucoup également. Ses attitudes semblent suicidaires. Elle aussi est célibataire, sans enfant. **Où va la vie ?**
Elsa, la mère est totalement absente, dans un autre monde : on dirait une morte vivante.
Helge, le tyran de la famille, manipule absolument tout le monde. Il n'a aucun respect pour la vie. L'autre n'existe pas, c'est un objet à consommer. Il tue la vie.
Michael est comme possédé, il n'est pas lui-même. Il est alcoolique, violent. Il semble manifestement très perturbé. Son épouse subit sans cesse son mal-être ainsi que sa violence extrême. C'est à se demander comment cette relation continue. D'ailleurs, Mette lui signifie clairement que cela ne peut plus durer.
Leurs enfants subissent continuellement les « déraillements de Michael » qui sont bien évidemment loin d'être épanouissants et vivifiants. Ces « déraillements » sont plutôt source d'angoisse et d'insécurité.

Tous sans exception vivent dans le mensonge. Cela génère **suspicion** et **violence**.

Le secret de famille crée des liens, le genre de liens qui mettent la corde au cou, qui rendent prisonniers.
La personne ne peut pas être elle-même, elle se conforme à une image, et tel Narcisse, se perd jusqu'à en mourir. La pensée est gelée un peu comme l'animal tétanisé par la présence de son prédateur. La confiance est bannie des relations et sans confiance, nous savons que l'intimité est impossible, car *« l'intimité a besoin d'un relâchement de la vigilance »*[70]. La personne prudente, méfiante, constamment sur ses gardes ne peut pas s'abandonner à elle-même et l'on peut craindre pour sa capacité à aimer.

Certains détenteurs n'en peuvent plus. Garder le secret devient tellement intolérable, et certains décident de parler ouvertement : c'est la révélation ! Les effets ne manquent pas.

C'est le cas de Christian dans le film.

---

70. W. Pasini, **Éloge de l'intimité**, Petite Bibliothèque Payot, 1996, p. 89.

6. Les effets d'une révélation explosive

La révélation fait violence

« On retrouve là toute la violence du secret : sa révélation brutale n'est pas supportable car trop de vérité d'un seul coup, rend aveugle ».

« L'adulte, dont l'organisation psychique est déjà structurée en fonction du secret, ne peut pas intégrer une vérité aussi douloureuse sans se sentir extrêmement menacé dans son intégrité psychique ».

« Plus l'interdit qui pèse sur le secret est fort, plus la révélation du secret entraîne un sentiment d'angoisse pouvant s'apparenter à une menace de mort imminente »[71].

On voit très bien Christian, juste avant de parler, qui angoisse, hésite… puis avec un grand courage se lève, et parle ! On peut supposer que la mort de sa sœur jumelle un an auparavant, est le déclencheur de cette révélation. Sa sœur n'a jamais pu parler, elle en est morte. Christian en connaît la cause et se doit de parler. Pour lui-même, pour sa sauvegarde personnelle.
Il ose prendre la parole et dire clairement devant les uns et les autres le terrible secret de famille.
Passé le moment de stupéfaction, c'est **le déni total**. Heureusement, Kim l'ami d'enfance de Christian est là. Christian décide de ne pas en rester là, il revient sous le regard angoissé de Helge et continue de plus belle. C'est un véritable combat. Christian se positionne clairement, il affirme haut et clair que son père est un assassin. La tension monte ! Helge quitte la pièce ainsi que tous les intimes. C'est **le rejet total**.
Christian est considéré comme un malade. Il se retrouve seul, entièrement seul. **Renié et rejeté** de tous.

Quand Helge rejoint son fils, c'est comme une mise à mort pour Christian.

Et comme si cela ne suffisait pas, Elsa la mère continue, elle le fait passer pour quelqu'un « d'un peu spécial », à l'imagination débordante, et exige des excuses !
Il regarde sa mère longuement et ne dit rien. Cela dure suffisamment longtemps pour que le malaise s'instaure.
Christian se lève, dénonce l'hypocrisie de sa mère et… lui souhaite d'en mourir.

---

71. C. Delassus, op. cit., pp. 203-205.

Tous les regards et les reproches se tournent vers Christian, et c'est lui qu'on agresse. Il est emmené de force et ligoté. Toute la violence de la révélation du secret est totalement canalisée vers Christian.
Heureusement, Pia, l'amie de Christian, trouve la lettre de Linda.
En fin de soirée, Christian se libère de ses liens, Pia lui remet la lettre, Christian la restitue à Hélène qui acceptera de la lire. Malgré la difficulté que cela représente pour Hélène, l'amour de la fratrie l'emporte. Ainsi, Hélène, Christian et Linda se retrouvent complices pour affirmer l'infamie. Et là, **enfin le secret est entendu**. Mais que de résistances !

La révélation soulage

« L'aveu d'un lourd secret par son détenteur délivre toujours au moins d'un poids : celui de l'angoisse que quelqu'un découvre son secret. Ne dit-on pas : se soulager d'un secret ? Il est sain de se décharger du poids de ses secrets. »[72]

Dès qu'Hélène accepte de lire la lettre de Linda, Christian se sent soutenu par un membre de sa famille, sa sœur aînée. La joie de vivre revient sur son visage.
Christian retrouve son âme d'enfant, il sourit, se détend. Il fait le clown comme pour exprimer une certaine légèreté, ce poids du secret trop lourd pour lui est enfin partagé.

Helge continue de faire comme si de rien n'était, malgré la lettre de Linda… mais c'est cause perdue, car désormais tous soutiennent Christian. Helge s'emporte et quand Christian lui demande de s'expliquer, sa réponse pleine de mépris signe l'aveu du secret de famille. Cette fois-ci, tout le monde reste, et ce sont Helge et Elsa qui quittent les lieux.
Christian est réhabilité, enfin ! Mais à bout de force, il s'écroule.

Rien de grave, il doit impérativement dormir. Il rêve de sa sœur Linda, le deuil est enfin possible. Il reprend goût à la vie. Il se lève, danse en pleine nuit et au petit matin, fait des projets d'avenir en proposant à Pia de venir vivre avec lui à Paris.

Hélène retrouve aussi sa joie de vivre, elle semble libérée. D'ailleurs, elle appelle Christian en pleine nuit pour lui dire qu'elle est très amoureuse et qu'enfin elle peut s'épanouir sexuellement. La vie reprend le dessus.

---

72. Ibid., p. 207.

Pour Michael par contre, c'est le choc ! Il est consterné puis, toute sa haine, toute sa violence, prennent désormais tout leur sens. À partir de là, toute son agressivité, toute sa rage, se retournent contre son père. Toute la violence du secret qu'il avait accumulée peut enfin s'exprimer envers le bon interlocuteur.

Christian ainsi qu'Hélène retrouvent leur joie de vivre et une certaine légèreté. Michael lui, mûrit en une nuit. Le lendemain matin, au petit déjeuner, on le retrouve apaisé, souriant et attentif aux autres. L'humour fait suite à la grossièreté et la tendresse s'exprime enfin, envers sa femme et ses enfants.

Helge et son épouse rejoignent leurs invités pour le petit déjeuner. Helge se lève et reconnaît publiquement ses actes… Michael se lève calmement et très sûr de lui, demande à son père de quitter les lieux. Elsa refuse de le suivre, le masque tombe.
Elle reprend pied dans la réalité.

Tous étaient passifs auparavant. À partir du moment où Christian s'exprime en prenant la parole, tous, à tour de rôle, vont redevenir actifs. De pantins ils deviendront sujets.

Les choses rentrent dans l'ordre, chacun reprend sa place, le mensonge disparaît, la tension liée à l'angoisse de la découverte du secret n'existe plus, tout s'apaise. La paix intérieure peut enfin revenir.

À travers Festen, nous prenons connaissance des incidences de la présence de ce terrible secret, sur les différents membres de la famille. Ce cas est particulièrement riche, car il illustre merveilleusement bien, cette notion de mythe familial, il nous présente en détails, ce que sont les sécrétions, et cette notion de clivage tant chez le détenteur que chez le destinataire est pointée de façon très pertinente. La façon dont Christian révèle le secret fait l'effet d'une bombe à retardement. Cette manière d'aborder la révélation nous montre toutes les résistances des uns et des autres, et combien cette façon de faire fait violence, tant à celui qui révèle le secret, qu'à ceux qui le découvrent. Déni, rejet, brutalité, seront au rendez-vous. Heureusement que Christian avait pu parler de ce qu'il vivait à l'époque, à son ami d'enfance. Grâce à la présence de Kim (dépositaire intime), Christian avait mis des mots sur son vécu, quelqu'un de confiance l'avait entendu et reconnu dans sa souffrance. C'est d'ailleurs cet ami qui le soutiendra jusqu'au bout, pour que ce secret soit enfin entendu et reconnu de tous. Sans l'écoute, le soutien et la complicité de son ami, nous aurions pu craindre le pire pour Christian.

Deuxième partie

Le poids des secrets

Grâce au film Festen, *nous sommes des observateurs extérieurs qui regardons, analysons et comprenons les effets de ce terrible secret de famille.*

Découvrons maintenant, à partir de témoignages réels, ce que peuvent ***vivre intérieurement*** *des personnes concernées par de lourds secrets.*

Nous passons ainsi ***du regard extérieur à l'écoute intérieure*** *de ces personnes.*

Margorie, Marie, Jocelyne… ont accepté de nous confier leur histoire.

Avertissement

Toutes les histoires citées dans ce livre sont réelles. Pour respecter l'anonymat et préserver ainsi l'intimité de chaque personne, les prénoms ont été modifiés.

Toute ressemblance avec une personne ayant le même prénom et vivant la même situation est donc fortuite.

Chapitre 3

Histoires vraies

1. Une disparition bien étrange

3

Margorie se confie : « Voici l'histoire vraie d'un terrible secret qui a eu lieu dans ma famille, il y a de cela trois générations.

Nous sommes dans la France profonde. Pierre et Françoise vivent ensemble après s'être remarié et avoir préalablement divorcé. Françoise est une femme dure et dominatrice. Elle tient les cordons de la bourse et dirige d'une poigne de fer le ménage. Pierre, de son premier mariage, a une fille, prénommée Mi.

Vers l'âge de 15 ans, Mi apprend que Françoise est enceinte. Elle se réjouit de l'arrivée du bébé. Quand sa petite sœur arrive, Mi est aux anges. Cependant, cela ne dure pas longtemps, car la petite meurt brutalement.

Que s'est-il passé ? Mystère…

Quand Mi, demande à son père ou à sa belle-mère comment et pourquoi sa petite sœur a disparu, elle n'obtient jamais de réponse claire. Une maladie, lui dit-on.

Mi trouve cela étrange. Sa petite sœur ne semblait pas être malade.

Mi sent bien qu'un **malaise** existe autour de la mort de sa petite sœur mais **on n'en parle pas**.

Elle grandit ainsi dans le doute, le questionnement et la peur. Au plus profond d'elle même, elle avait toujours cette impression de cachotteries. Elle se sentait comme **exclue** de quelque chose, de quelque chose d'important. Elle **ne savait pas** mais **elle sentait**. Elle sentait que quelque chose d'anormal s'était passé.

Elle avait cette **intuition** qu'on ne lui avait pas tout dit. Et cela **l'obsédait**. Que me cache-t-on ? Que s'est-il passé ? Qu'est-il arrivé à ma petite sœur ?

Elle posait souvent des questions à ses parents mais chaque fois, ce qu'on lui répondait sonnait **faux**. Elle savait au fond d'elle que quelque chose « **ne tournait pas rond.** »

Malgré tout, la vie continue, les années passent et vers 20 ans, Mi se marie. Quelque temps plus tard, elle met au monde une merveilleuse petite Valentine. Vivre est enfin source de bonheur intense.

Pierre, le père de Mi, vient la voir à la maternité. C'est avec joie que Mi l'accueille.

Mais au lieu de se réjouir de cette naissance et féliciter sa fille, il lui avoue son terrible secret : « **Ta petite sœur n'est pas morte de maladie, Françoise et moi l'avons noyée dans un lavoir ! Nous ne pouvions l'élever pour des raisons financières** ».

Comme si ce meurtre « ne suffisait pas », cet homme choisit précisément ce moment là, pour **se débarrasser du fardeau** de son secret si lourd depuis tant d'années, et le jette littéralement à la figure de sa fille en convalescence postnatale.

C'est une **véritable bombe** qu'elle reçoit de plein fouet. Mi ne le supporte pas. Elle tombe dans une profonde dépression.

Deux autres enfants verront le jour, mais aux dires de son médecin, c'est toujours pour tenter de retrouver un peu goût à la vie. À partir de 25 ans, elle devient comme folle.

Elle fait tentative de suicide sur tentative de suicide. Rien ni personne ne peut lui faire remonter la pente. Son mari s'épuise à soutenir cette femme devenue incapable de vivre « normalement ». **C'est comme si elle s'était soudain coupée de la réalité**.

Mi est aujourd'hui internée, mais à chaque sortie, elle tente de se suicider.

Toutes ses tentatives de suicides n'ont cessé de croître. Elles furent médicamenteuses pendant longtemps, mais dernièrement Mi tenta de se jeter par la fenêtre. C'est sa petite dernière, Catherine, qui enleva la chaise afin de retenir sa mère !

Le secret fut bien gardé pendant des années mais ce jour là, **Mi explosa et le « balança » violemment à la figure de Catherine** qui venait de fêter ses 14 ans. C'est sorti comme ça ! Peut importe le choc ! Pourquoi ? Allez savoir ! Volonté de détruire aussi forte que celle utilisée pour la détruire elle-même, peut-être ? »

À la suite de cette confidence, Margorie rajoute : « Je pense que ceux qui cachent quelque chose le font pour protéger l'enfant. Cependant ils oublient que lorsque le secret est dévoilé – car il l'est toujours – toute la protection ou pseudo-protection se transforme en destruction. Ce témoignage en est la preuve ! »

PS : Margorie fait aujourd'hui des études de droit, pour devenir avocate....
La vie reprend ses droits.

Impressions

Nous prenons la mesure de ce que peut ressentir la personne qui ne sait pas, autrement dit, **le destinataire primaire**.

En effet, **Mi ne savait pas**, elle était exclue du contenu du secret. Toutefois, **elle sentait bien** que quelque chose s'était passé, mais entre son ressenti et ce qui lui était dit, il y avait de quoi être **perturbée** ! **Qui croire** ? **Que croire** ? Son ressenti ou les paroles de ses parents ?

Une seule fois, ils avaient évoqué la maladie et depuis malgré des demandes répétées, on n'en parlait pas, on n'en parlait plus.

Comment vivre avec cet **interdit de parler** de la mort de cette petite sœur et cette intuition, **cette conviction profonde** qu'on lui cachait quelque chose ?

Comment vivre de façon sereine quand **les réponses** aux questions **sonnent faux** et quand ce besoin de comprendre, cette soif de savoir la vérité vous envahit totalement ?

Savoir au plus profond de soi-même que quelque chose ne va pas, que quelque chose ne tourne pas rond, mais quoi ?

Comme dit Dolto : « Il doit y avoir une affaire là-dessous ? » Oui, mais laquelle ?

Mi était envahie par quelque chose d'indéfinissable qu'elle ne maîtrisait pas et qui générait chez elle de la **peur**, du **doute**, de l'**insécurité** et beaucoup d'**anxiété**.

Que de **questionnements**, d'**interrogations**, d'**angoisses**... Toujours cette sensation étrange qu'on lui cachait quelque chose. **Comment faire confiance** à qui que ce soit dans ces conditions ? La peur et le doute permanent l'habitaient.... et elle se sentait souvent très fatiguée.

Nous percevons combien **le secret envahi la personne** et lui pompe une énergie phénoménale.

« **Ça prend la tête** » ! Non seulement les questions sont omniprésentes mais aussi certains fantasmes et autres pensées obsédantes ne cessent de perturber la personne.... C'est à rien y comprendre.

Et puis un jour, la révélation !

Dans notre exemple, c'est une véritable **bombe, qui détruit tout** sur son passage. C'est à se demander d'ailleurs, si cette façon d'agir ne correspondrait pas, ni plus ni moins, à un second assassinat. Nous ne pouvons que constater que la naissance d'une autre petite fille, provoque chez ce père, la révélation de son terrible secret. **Paroles assassines** ? **Sans aucun doute** !

2. De qui suis-je la fille ?

Marie témoigne : « J'ai toujours eu des problèmes avec ma petite Lucie. Quand elle est née, elle pleurait sans cesse. Plus tard, elle s'angoissait à chaque séparation. À l'école elle avait des problèmes importants. Mais surtout, ce qui m'inquiétait le plus c'est qu'elle se grattait sur tout le corps au point d'avoir comme des marques de coups... Cela a duré des années...
Je me disais que ma petite fille n'était pas comme les autres.
Je ne comprenais pas ce qui se passait et j'étais perturbée par rapport à cela, car je n'arrivais pas à mettre des mots ou une explication sur ce qui se passait. C'était la première fois que je voyais quelque chose comme ça.
Nous avons vu des psychologues scolaires, des médecins... mais rien, il n'y avait rien qui pouvait expliquer cela.
Il y a quelques années, j'ai assisté à une conférence sur l'impact des secrets sur les enfants et au vu de ce que j'entendais, je me suis dit qu'il y avait peut-être quelque chose de l'ordre d'un secret qui faisait que ma petite fille avait tous ces problèmes.
Récemment, j'ai pris la décision de consulter quelqu'un pour m'aider. Je ne comprends pas ce qui se passe. Pourquoi elle et aucun autre de mes enfants ? Lucie est ma première petite fille et depuis quelque temps, **je ne cesse de penser à ma propre naissance**, je ne sais pas pourquoi mais je me dis que peut-être il existe un secret...

Que s'est-il passé au niveau de ma propre mère ? **J'ai des doutes** et cela **depuis toujours**.

Depuis que je suis toute petite, j'ai toujours eu **l'impression d'être une enfant adoptée**.

Cela a toujours été **une conviction profonde**. J'en ai parlé à d'autres personnes qui m'ont dit avoir eu aussi cette impression-là. J'ai bien conscience que c'est un stade par lequel on passe tous, j'en conviens, toujours est-il que ce stade chez moi est omniprésent.
C'est très fort comme sensation, pourtant je n'en ai **aucune preuve**. Bien que ma mère m'ait affirmé avoir beaucoup souffert lors de son accouchement, j'ai des **doutes**... *A priori*, je suis née de cette femme qui est ma mère, mais je ne peux m'empêcher de sentir qu'il s'est passé quelque chose que l'on me cache.
En fait, je ne sais pas si je viens d'ailleurs, ou si je suis bien la fille de mes parents.

Et, je n'ai jamais pu en parler à maman. **J'ai peur** de la réponse. Elle m'a tellement dit à plusieurs reprises que son accouchement avait été difficile, que je me dis : « c'est pas possible, je me raconte n'importe quoi, ne pas être sa fille est impossible », et à la fois, je n'en suis pas sûre. Si ce que je ressens est faux : **qu'est-ce qu'elle va s'imaginer ? Qu'est-ce qu'elle va penser ?** Elle va me traiter de **folle**.

En fait, à la fois j'ai **besoin de savoir**, et la fois j'ai **pas envie**.

Une fois, pourtant, ma mère a laissé échapper une parole. Elle évoquait un entretien avec sa psychologue et celle-ci lui disait : « Si vous n'avez pas envie d'en parler à votre fille, c'est pas la peine... » Dès que ces mots furent prononcés, elle changea immédiatement de sujet de conversation... J'ai cette conviction profonde qu'il s'est passé quelque chose, il y a longtemps, et qu'**elle ne veut pas en parler**.

Récemment j'ai repris contact avec une thérapeute que je connaissais bien. Je parlais de ma fille Lucie... quand j'entendis : « Comment avez-vous choisi le prénom de votre fille ? »
Je m'en souvenais parfaitement ! Par amour pour... (un acteur célèbre), j'avais choisi d'appeler mon enfant du même prénom que celui de sa fille. Ma thérapeute me fit remarquer que cet homme, venait de dévoiler au grand jour son secret. Celle qu'il croyait être sa sœur était en réalité sa mère !

Au moment où j'entendis ces mots, ce fût comme **une confirmation**, comme un **déclic**, **une certitude**. Et à ce moment précis, **j'ai osé dire** ce que je n'avais jamais dit à personne, ni même à mon mari. En fait, je n'ai pas seulement l'impression d'être une enfant adoptée, **j'ai l'impression d'être la fille de ma grand-mère**. Je n'en ai aucune preuve mais cela m'habite depuis toujours.

Si ma mère était enceinte en même temps que sa propre mère. Un enfant naît et l'autre meurt. Lequel des deux est toujours en vie aujourd'hui ?

Ma grand-mère est morte du fait de complications, suite à un fibrome à l'utérus. J'avais 2 ans et demi. Elle avait 46 ans.

Je n'ai jamais pu en parler à ma mère. Ce n'est pas que je ne veux pas. Non, **je ne peux pas** ! Ce n'est pas une peur, c'est carrément une **impossibilité**.

Je ne sais pas d'où me vient cette conviction profonde, mais c'est là !

Tout tourne autour **d'une naissance qui n'est pas celle « qu'on dit qu'elle est »**.

J'avance doucement, très doucement. Il me semble que le dénouement n'est pas si loin que cela, mais **plus j'avance, plus j'ai envie de reculer**.

J'oscille entre doute et certitude intérieures. C'est un long cheminement, c'est une succession de oui, non, peut-être, c'est pas possible puis oui… Je ne suis pas inquiète mais je ne suis pas spécialement rassurée par ce qui va se passer, et je ne sais pas où je vais, je ne sais plus où j'en suis.

Imagine, **si je suis la fille de ma grand-mère, je suis la sœur de ma mère et ma fille Lucie se retrouve être la petite fille de Marguerite, comme je suis sensée l'être aujourd'hui**.
En tout cas, tout ce que je sais, c'est que je n'arrive jamais à terminer ce que j'ai commencé et je crois que cela a toujours rythmé ma vie.
Au plan personnel, ça va, mais en ce qui concerne le domaine professionnel, ça coince. Souvent, je me dis que j'ai beaucoup de mal à avoir deux vies. C'est comme si vie familiale et vie sociale étaient incompatibles.

J'ai du mal à exister d'un côté et à me penser de l'autre côté.

En fait, tout cela est bien **vague**. Je me rends bien compte que je tourne autour du problème sans l'aborder vraiment avec la bonne personne.
Mais s'adresser directement à la bonne personne, il n'y a rien de plus difficile que cela.
Je sais très bien qu'il n'y a plus qu'à parler ! Il n'y a plus qu'à poser la question mais **je ne peux pas**. Je ne me vois pas, prendre mon téléphone et dire maman « il faut que je te parle », je ne peux pas.

J'ai besoin de temps.

J'ai déjà imaginé ne pas être la fille de ma mère mais sa sœur, et tu vois **si je suis sa sœur, je ne suis plus fille unique** mais je me retrouve avoir **4 autres sœurs**, nous serions 5 ! Et ce qui m'intrigue, c'est que j'ai moi-même 5 enfants !

Si je suis ce que j'imagine, je prends conscience de tous les **déséquilibres** qui se sont mis en place et de tout ce qu'il faudrait reconstituer et **j'ai peur de ce qui va se passer après**.
Je vois bien toutes les réactions en chaîne, c'est comme un jeu de dominos… **Tout s'écroule**.
Si ce que j'imagine est confirmé, **cela concerne tout le monde**, je ne suis pas la seule impliquée.
D'un côté, si je veux **arriver à vivre et à exister vraiment, il faut que j'en parle**, mais à la fois, je ne me sens pas de lancer un pavé dans la mare sans savoir ce qui va se passer par la suite.
Je me dis qu'il est possible que ma mère ait vécu **40 ans sans rien dire, et à la fois cela me semble totalement aberrant**. »

Peut-être est-elle fidèle à sa propre mère ?

« Oui », me dit Marie, « mais ça veut dire que **tout le monde ment**, que toute la famille ment, tout le monde. Et si tout cela n'était qu'une **vaste comédie** ?

Un jour j'ai osé interroger mon père. Nous parlions de Lucie et j'ai évoqué l'idée que peut-être, il y aurait des choses non-dites dans notre famille qui expliqueraient certains des comportements de Lucie ? Un secret par exemple ?
Sa réaction fut immédiate : « Mais qu'est-ce que tu me racontes, qu'est-ce que tu vas chercher dans son passé ? »
Ce fut la négation totale et tout s'est arrêté là.

La chose la plus importante et la plus difficile à vivre, c'est qu'on ne sait pas, **on imagine mais on ne sait pas** et c'est très **difficile de continuer à vivre** quand on ne sait pas… Maintenant dans ma vie là, **c'est comme si je n'avançais plus…** »

Ressentis

Ce témoignage nous montre vraiment ce que peut ressentir un destinataire primaire et les répercutions éventuelles sur l'un de ses enfants.
Contrairement au premier exemple, qui était un témoignage indirect, là **nous sommes en présence du destinataire lui-même** qui nous fait vivre intérieurement ce qu'il ressent.
Doute, toujours et encore, ce doute qui **mine**, qui **ronge** la personne de l'intérieur, qui fait qu'elle se demande constamment si son ressenti est juste ou non.
L'alternance de doute et de certitude intérieures fait que la personne n'est **jamais tranquille**, il arrive même qu'elle imagine pouvoir être **folle**.
Cette femme, vit constamment dans l'**inquiétude**, voire dans l'**angoisse**, tant pour elle que pour son enfant, et à la fois c'est parce qu'**elle ne comprend pas** ce qui se passe pour sa fille, que Marie trouve l'énergie, le courage de demander de l'aide auprès d'une thérapeute. C'est ainsi qu'elle exprimera ses doutes, ses sensations, ses **impressions « bizarres »** et osera dire ce qui l'habite depuis toujours, sans **jamais avoir osé l'exprimer** à qui que ce soit auparavant et cela depuis 40 ans !
Toujours cet éternel problème de la **peur de dire**, de la peur de s'exprimer, de poser des questions, d'**être soi-même**… comme si cela était interdit.

Cela génère la plupart du temps, un dialogue intérieur de soi à soi.

Très souvent, le destinataire se pose des questions (en silence, bien sûr), imagine les réponses, met au point des scénarios pour dire telle ou telle chose, dans telles circonstances mais… au dernier moment, rien…. rien ne se dit… tout se passe dans la tête, la personne est comme tétanisée pour agir.

Que de temps passé à **réfléchir**, à **imaginer**, à **supposer**, à **douter de soi, des autres**…
Que de temps passé à **vivre dans sa tête. Que d'énergie perdue** !

La personne vit à la fois dans **le désir** de connaître la vérité et **la peur** de connaître enfin la vérité. Deux désirs contradictoires s'affrontent.

La personne est confrontée à cette **peur de découvrir le mensonge familial** et elle **préférera, parfois, se mentir à elle-même** : « Et si tout cela n'était qu'une **vaste comédie** ? »

Tous ces doutes, toutes ces incertitudes font que **la personne ne sait plus ou elle en est**, et souvent **n'arrive plus à entrevoir l'avenir**…

3. Comment lui dire ?

« J'ai toujours eu envie d'avoir un enfant », nous dit Jocelyne, « mais après cinq ans de mariage ça ne marchait pas !
Notre couple n'était plus très solide et c'est à ce moment là que mon mari accepta des missions à l'étranger. Nous pensions que l'éloignement pouvait nous faire le plus grand bien.
Pendant l'absence de mon mari, j'ai eu une aventure amoureuse avec l'un de mes amis (un soir de fête) et quand mon mari est rentré, je lui ai fait part de cette aventure…
Puis, j'ai commencé à être malade, je me sentais pas bien, j'avais des nausées mais je ne comprenais pas, d'autant que j'étais persuadée d'être stérile.
Sur l'insistance du médecin, je passe une échographie, et là je découvre que j'étais enceinte de 3 mois et demi. Quel bonheur ! J'étais folle de joie à l'idée d'annoncer la nouvelle à mon mari…. quand tout à coup, j'ai réalisé que **cet enfant n'était pas celui de Gilbert**, en fait, j'étais enceinte de **Pascal**.
Je ne pouvais pas garder cela pour moi. Je suis rentrée à la maison et j'ai tout dit.

Mon mari est resté sans voix un bon moment, puis je l'ai entendu me dire : « Cet enfant est là maintenant, je vais l'accepter comme si c'était le mien, **je le reconnaîtrai et on ne le dira à personne, ce sera un secret entre nous** ».

Cette réponse fut extraordinaire pour moi, je pouvais garder cet enfant aux yeux de tous, sans avoir à rougir, et je réalisais tout l'amour que cet homme me portait.

J'ai annoncé la bonne nouvelle à tout le monde, j'étais vraiment très heureuse. Bien sûr, il y avait ce secret, mais je me disais que ce n'était pas le géniteur le plus important mais la personne qui allait élever cet enfant, qui allait l'aimer. Mon mari est reparti en mission. Pascal venait me voir de temps en temps, en ami…
Quand il m'a vu enceinte, il m'a demandé qui était le père de l'enfant et là je lui ai dit que cet enfant était de Gilbert, bien sûr. Pour que ce soit crédible, j'ai modifié les dates, et quand Paul est né, j'ai dit à tout le monde qu'il était né en avance.

À la clinique, **ce fut horrible** pour moi, la famille de Gilbert venait et me faisait remarquer combien Paul ressemblait à son papa.
Intérieurement je pensais qu'ils disaient « vraiment n'importe quoi ! »
C'est à ce moment là que **j'ai commencé à me rendre compte que ce secret allait être un poids**. Je ne pouvais pas parler et je me disais : « Quelle bande d'hypocrites. Ce n'est pas possible de trouver une ressemblance avec Gilbert, ce n'est pas lui le père ! »

Paul ressemblait de plus en plus à Pascal, et de nombreuses personnes m'interpellaient à ce sujet. C'était terrible pour moi, **j'étais déchirée** entre l'envie de dire la vérité et cette promesse que j'avais faite à mon mari, de ne jamais rien dire.

Quand Paul fêta ses 8 mois, la vie en présence de Gilbert était devenue insupportable. Chaque fois que je regardais mon mari, je me sentais coupable. Je pouvais vivre avec mon fils mais vivre à trois avec ce **mensonge**, ce n'était plus possible. J'ai demandé le divorce.
En quittant mon mari, j'imaginais éloigner ce secret de ma vie.

Après notre séparation, Gilbert s'est toujours occupé de Paul, comme un père qu'il était au yeux de tous.
Peu de temps après mon divorce, j'ai rencontré Jean-Pierre.

Très rapidement, **je lui ai confié mon secret**. Je ne l'avais encore jamais dit à personne, même ma meilleure amie l'ignorait.
Il fut très surpris que je n'ose en parler à personne, et plus les années passaient, plus il me disait que **Paul devait savoir**…
Cela restait impossible pour moi, totalement inenvisageable !
J'avais peur pour mon fils, je craignais que cette nouvelle ne le déstabilise totalement. D'autre part, si j'osais lui parler, cela supposait que je dise à Pascal que je lui avait menti. **J'étais très mal avec ça**. De plus, je pensais

que Gilbert refuserait que je livre notre secret. Et puis… **il y avait le regard des autres sur moi**, ma famille, la famille de Gilbert… J'avais trompé tout le monde.

Qu'est-ce que Paul allait faire avec ça ?

Gilbert s'est remarié, et il a eu une petite fille.

Il continuait de s'occuper de Paul comme avant, mais depuis la naissance de la petite Isabelle, cela ne se passait pas toujours bien entre Gilbert et Paul. Gilbert se mettait dans des colères monstres vis-à-vis de « son fils » et Paul se plaignait d'être souvent bousculé par son « papa ». L'épouse de Gilbert connaissait le secret. Jean-Pierre aussi, savait.

Tous me disaient : il faut le dire. Mais **comment dire une chose pareille** ?

Et puis, un jour, Gilbert est venu me voir et m'a annoncé clairement qu'il ne souhaitait plus garder ce secret, il n'en pouvait plus de mentir à cet enfant. Comment faire ?

Les **pressions** se faisaient de plus en plus fortes, Gilbert devenait violent vis-à-vis de Paul et là… **j'ai senti qu'il y avait danger**. Danger pour mon fils. Le danger, c'était qu'un jour, Gilbert explose et lui dise : « Mais de toute façon, je ne suis pas ton père ! ».

À partir de là, j'ai su que si quelque chose devait se dire, il fallait que ce soit moi qui le dise.

J'ai décidé de me faire aider… je n'avais jamais mis les pieds chez un psychothérapeute de ma vie, mais j'ai pris rendez-vous pour raconter mon histoire et savoir comment m'en sortir. Il m'a écoutée jusqu'au bout. Il ne m'a pas dit ce que je devais faire, mais la seule chose que j'ai retenu, c'est cette phrase qu'il a prononcé : « Déposez votre fardeau et mettez cet enfant à la lumière. »

« Votre enfant est petit, il a 8 ans, vous pouvez lui dire, il est encore temps, par contre s'il l'apprend à l'adolescence, cela risque d'être plus difficile et les relations entre vous peuvent être beaucoup plus conflictuelles ».

Je savais désormais ce que je devais faire… mais **j'en étais malade**. Je ne faisais que pleurer, je ne mangeais plus, je ne dormais plus, c'était terrible….

Comment lui dire ?

Je **craignais** plus que tout au monde **d'être rejeté** par mon enfant si je lui disais la vérité, et à la fois, je devais lui dire, car je sentais qu'il était en danger. Je savais désormais que je devais prendre la responsabilité de la révélation du secret.

J'ai réfléchi longuement à ce qui pouvait se passer et comment j'allais m'y prendre. Comment j'allais l'annoncer et à qui je devais le dire en premier.

Je devais mettre tout en œuvre pour que tout se passe bien. **C'est la chose la plus difficile que j'ai vécue dans ma vie.**

C'était comme un travail de deuil. Je devais lâcher ce secret et accepter ce qui adviendrait.

Soutenue par Jean-Pierre, j'ai prévenu Gilbert pour lui signifier que ma décision était prise, et j'ai appelé Pascal. Je voulais être sûre que je pouvais dire à Paul que Pascal était son père. J'ai donc pris rendez-vous… **Je tremblais, j'avais très peur…**
Quand je suis arrivée… Pascal m'a signifié très clairement qu'il savait ! : « Dès que tu m'as dit : « j'ai quelque chose à te dire de très important », je savais que tu allais me dire cela. Si tu décides de dire la vérité, saches que je suis prêt à accueillir cet enfant. »

J'étais loin de m'imaginer qu'il réagirait aussi bien.

À partir de ce moment-là, je me suis dis : « La culpabilité c'est terminé ! **Je prends mes responsabilités, j'assume aux yeux de tous…** »
J'ai tout organisé… et nous sommes partis pour le week-end.
C'est la peur au ventre que j'ai demandé à Paul de venir auprès de moi car j'avais quelque chose de très important à lui dire.
« Est-ce que tu te souviens que ton papa partait en voyage régulièrement ? En fait, ça n'allait pas trop bien, nous deux. Il est parti, et moi je suis restée toute seule pendant 2 ou 3 mois. J'ai rencontré quelqu'un et j'ai eu une relation amoureuse avec lui et quand ton papa est rentré, j'ai su que j'attendais un bébé. »
Paul me regardait avec ses grands yeux et je le voyais réfléchir… il réfléchissait intensément et à un moment donné, il s'est pris la tête dans ses mains, il m'a regardé et m'a dit : « T'es entrain de me dire que mon papa, c'est pas mon papa ».
« Oui, c'est exactement ce que je suis en train de te dire, Paul ».
Mais alors : « **Qui c'est mon papa ?** »
À ce moment précis, je lui ai dit qui était son père.
Il s'est écrié : « Mais il faut le dire à personne, on peut pas le dire à Maxens, on peut pas le dire à mamie ! »
Je lui ai répondu que désormais, il pouvait le dire à tout le monde. Je lui ai dit que Pascal savait la vérité et qu'il était prêt à l'accueillir comme son enfant. Par contre, Gilbert, son papa de cœur, resterait toujours son papa.
Sur ce, nous nous sommes serrés dans les bras l'un de l'autre et là il m'a dit : « Je croyais que tu allais me disputer pour l'école quand tu m'as dit de venir te voir… » Il semblait soulagé.

À partir de ce moment-là, **je me suis sentie libérée**. Je pouvais enfin me montrer au grand jour, telle que j'étais. Plus rien ne me retenait… Je suis

allée voir ma mère, pour lui dire la vérité. Elle l'a très mal pris. Elle s'est mise dans une colère noire. Le fait que Paul n'était pas le fils de Gilbert lui était presque indifférent, par contre, ce qui lui était insupportable, c'était de ne pas avoir été dans la confidence. En cela, elle se sentait trompée.
Je comprenais…

Pascal a proposé à Paul de le présenter à toute sa famille et lors d'une fête familiale, Paul fut accueilli à bras ouverts… Comment aurais-je pu imaginer une chose pareille ?

Depuis, j'ai réalisé que j'avais toujours embrassé Paul avec une certaine retenue, particulièrement le soir, avant qu'il ne s'endorme.
C'est seulement après avoir dit la vérité, que j'ai enfin pu serrer mon fils dans mes bras sans arrière pensée, tout a fait librement.
Je pouvais enfin aimer mes deux enfants, Paul et Maxens, sur le même plan. Je pouvais les aimer l'un comme l'autre. Cette ombre du mensonge qui m'empêchait de me rapprocher de Paul avait disparu.

Avant la révélation, Paul se réveillait et m'appelait toutes les nuits. Je ne disais rien. Je culpabilisais tellement de garder ce secret, que je trouvais normal de me lever chaque nuit. Il y avait quelque chose d'essentiel que je ne lui donnais pas (la vérité sur ses origines) et **il fallait que je paie** !
Dès qu'il a su, tout s'est arrêté.

J'ai retrouvé **confiance** en moi. Je n'avais plus rien à craindre. Il n'y avait plus de risque. Je pouvais enfin être moi-même aux yeux de tous. **J'étais responsable mais je ne me sentais plus coupable.**

Mes rapports avec Gilbert se sont modifiés. Face à des comportements violents qu'il avait vis-à-vis de Paul, je ne disais rien, je prenais sur moi, je vivais dans la peur. Depuis, tout a changé, cette soumission que je m'imposais a disparue. Je peux enfin **m'exprimer librement**. De plus, de façon très surprenante, Gilbert s'est apaisé. Il n'a plus ces attitudes violentes vis-à-vis de Paul. Quel soulagement !

Envers Paul, je me sens plus libre également, plus légère, plus **spontanée**. Si certains comportements me semblent inacceptables, je le lui signifie clairement. Avant, j'acceptais tout, en me disant qu'il avait des circonstances atténuantes.

Ma relation à Jean-Pierre n'est plus la même. Le fait qu'il connaisse le secret lui donnait un certain pouvoir sur moi. En fait, je lui donnais ce pouvoir car je me sentais redevable. Redevable de m'accepter avec toute cette histoire, et je vivais, la aussi, dans une espèce de **soumission** par reconnaissance. J'acceptais tout ce qu'il m'imposait sans « broncher ». Depuis, c'est terminé.

Mon naturel optimiste et rieur reprend le dessus. Je me sens libre de vivre, de m'exprimer, et **je m'accepte enfin telle que je suis**. »

Quel cheminement !

Nous sommes ici en présence **du détenteur** qui, par son récit, nous dévoile tout un cheminement extraordinaire, de la création du secret, en passant par 8 années de « détention », jusqu'à cette prise de risque qu'était pour elle, la révélation.

Jocelyne détient le secret. Elle sait mais ne peut rien en dire. Elle désire tellement cet enfant, qu'elle accepte la proposition de son mari. À partir de là, elle **s'enferme** dans un cercle vicieux. Elle commence par **se mentir à elle-même** en s'autopersuadant que le géniteur n'avait pas grande importance. Seulement, le géniteur est un ami, et elle sera amenée à le voir régulièrement. **Elle lui ment** pour couvrir son secret, alors qu'**il se doute** de quelque chose. **Elle s'interdit d'en parler** à qui que ce soit, même à sa meilleure amie. À partir de là, toutes **les relations sont faussées**. On devine aisément le **malaise** de cette femme, en présence de sa belle famille, lorsque les uns et les autres comparent son fils à son mari, ou alors quand ses amis proches lui font remarquer la ressemblance de son fils avec Pascal. Le malaise, **la honte et la culpabilité** habitent Jocelyne.

C'est d'ailleurs tellement dur à vivre qu'elle quittera son mari. Sa présence et le regard qu'il portait sur elle était devenu insupportable.

Peut-être ne pouvait-elle plus se regarder en face à travers lui ?

Si elle avait pu d'un coup de baguette magique supprimer l'existence de ce secret, elle l'aurait fait. Mais la réalité ne le permettait pas.

Au fil du temps, les choses ont changé. Ce secret tant gardé risquait d'apparaître au grand jour. **La peur** envahissait Jocelyne. À la fois, elle sentait son fils en danger, et en même temps, elle se mettait en **danger**, si elle disait la vérité. Comment faire ? C'était un véritable dilemme. Comme elle le dit très justement, c'est comme un travail de deuil.

Renoncer à l'image que l'on voulait donner pour se montrer en vérité. Que de larmes, de tergiversations. Tout risquait de s'écrouler.

Par amour pour son fils, elle trouvera en elle les ressources nécessaires pour demander de l'aide et avancer à son rythme vers la révélation. Ce sera **une vraie libération.**

4. Lettres empoisonnées

Voici ce que nous confie Caroline…

« Brigitte, ma meilleure amie, porte un très lourd secret…

Il y a quelques années, je rejoignais ma fille au Canada, quand Brigitte m'appelle effondrée, la veille de mon départ.
Sa belle-mère était morte. Elle s'était suicidée. Cette femme était malade depuis de longues années. Elle était devenue très agressive au point d'en être détestable.
Juste avant de se suicider, elle s'est rendue chez ses deux fils pour leur jeter des horreurs à la figure. Le lendemain, elle quittait ce monde en avalant des médicaments. Quelques temps plus tard, Brigitte et Bernard (son mari) déménagent toutes les affaires de la maison. Brigitte ouvre le tiroir d'une table de nuit et trouve des lettres. Bernard lui dit : « On les prend, on verra plus tard ».

Brigitte venait de lire ces lettres quand elle m'a appelée.

Il s'agissait de lettres que sa belle-mère n'avait jamais jeté. Elles dataient de la période où elle était enceinte de Bernard. C'était de très belles lettres d'amour, d'un homme dont elle était enceinte, mais qui ne pouvait l'épouser.
Sur ce paquet de lettres, il y en avait d'autres, écrites par celui qui était censé être le père de Bernard. Dans ces lettres, la belle-mère de Brigitte remerciait cet homme de reconnaître l'enfant et de se marier alors qu'elle est enceinte.

Brigitte venait de découvrir le pot aux roses. Prise de **panique** elle ne savait que faire vis-à-vis de son mari. Fallait-il lui **dire** ? Fallait-il lui **cacher la vérité** ?

Que faire ? C'est ainsi qu'elle me demanda mon point de vue.

Il me paraissait important qu'elle lui dise la vérité. Je ne voyais pas comment elle pourrait continuer à vivre en cachant cela à son mari. Je lui ai donc conseillé de dire à Bernard que ces lettres allaient lui apprendre quelque chose d'essentiel le concernant.

Le soir même, Brigitte lui disait ce qu'elle venait d'apprendre. Bernard s'est littéralement **effondré**. Non seulement, il entendait que son père n'était pas son père, mais aussi que son frère était un demi-frère. Il venait de perdre sa mère et craignait par dessus tout de perdre son frère également.

Il attendra **plus de 4 ans** avant de pouvoir lire les lettres. C'est là qu'il découvrira que sa présence était indésirable et au combien « le paquet » était encombrant !
Voilà pourquoi, il s'était senti toujours rejeté par sa mère.

Depuis, en parler est presque chose impossible… Seuls quelques intimes sont dans la confidence.

Mais… **le problème ne s'arrête pas là**. Bernard et Brigitte ont deux enfants, Alexandre et Coralie.

Coralie se porte bien mais Alexandre est asthmatique. **Cet enfant souffre terriblement**. Il est tellement malade que les médecins ne savent plus quoi faire !

Les médecins sont très inquiets pour Alexandre. D'autant plus que son grand-père est mort brutalement d'une rupture d'anévrisme le jour de ses 45 ans.

Compte tenu des antécédents familiaux, l'asthme de cet enfant est encore plus inquiétant.

Bernard aussi se fait suivre très régulièrement au plan médical… **Hérédité oblige** !

Le problème, c'est qu'en réalité personne n'est concerné.

Le grand-père d'Alexandre n'est pas son grand-père, puisque Gaston n'est pas le père de Bernard !

Tout est faussé. Il faudrait pouvoir le dire mais Bernard n'y arrive pas.

Brigitte se sent totalement **impuissante**.

Depuis quelque temps, Alexandre est suivi par une psychologue. Il est continuellement angoissé, stressé. Il a des attitudes que l'on peut qualifier d'obsessionnelles concernant le linge en général. Ses vêtements, mais aussi le linge de maison. Tout doit être impeccable, toujours repassé dans les moindres détails, le pli du pantalon doit être parfaitement soigné… Cet enfant n'a que 10 ans et sa maman voit bien que tous ces comportements ne sont pas normaux…
Récemment elle me disait : « **Je suis sûre que si on libère ce secret, Alexandre ira mieux.** »

En attendant, son fils est suivi par une orthophoniste, car il a la voix complètement cassée par l'asthme. Il voit régulièrement une kinésithérapeute qui tente de le soulager, et en plus il voit une psychologue… Quel emploi du temps !

Et son père **ne peut** toujours **rien lui dire**.

Que de **souffrances** !

C'est un tel cataclysme que Bernard ne veut plus bouger. Il ne veut même plus sortir de chez lui. Il s'accroche désespérément à sa femme, à ses enfants et à sa vie bien rangée. Son épouse insiste pour qu'il le dise à ses enfants, mais c'est impossible. **Il ne peut pas**.

Révéler quoi que ce soit serait trop dangereux pour Bernard. Il risquerait de **tout perdre**. Il voit bien que son fils est malade, mais c'est comme s'il refusait de voir vraiment ce qui se passe…

Je pense que si Bernard parlait, cela remettrait les choses d'aplomb. »

Constatations

La mère de Bernard était très agressive, au point d'en être détestable. Que cachait toute cette violence, tant vis-à-vis d'elle, que vis-à-vis de ses propres enfants ?
Sûrement une énorme souffrance, en lien avec la violence du secret qu'elle ne dévoilera jamais de son vivant. **Toute sa vie, Bernard a subi les effets du secret**, sans jamais rien y comprendre. Il se sentait rejeté, il pensait que sa mère lui en voulait d'être là, mais il ne comprenait pas pourquoi. En découvrant ces lettres, son histoire prend sens. **De destinataire primaire, il devient violemment détenteur du secret**. Il prend cela de plein fouet. Il ne se doutait de rien.
Il s'effondre littéralement. Non seulement il apprend que le père qu'il avait perdu prématurément n'est pas son père. Il perd sa mère, qui se suicide, et en plus il découvre que son frère, est un demi-frère. **Tous ses repères s'écroulent.**
Il découvre également que le mariage de sa mère avec celui qu'il considérait comme son père était un arrangement, et qu'elle restait amoureuse d'un homme, dont elle gardait depuis toujours des lettres d'amour, et qui l'avait abandonnée enceinte ? Qui était cet homme ? Qui était ce père qu'il ne connaîtrait jamais ?

Que de **deuils** à vivre.

Et puis, il y a Alexandre.

Bernard ne peut rien lui dire pour l'instant, mais désespérément son fils tente de lui dire quelque chose à travers ses différents **symptômes**. Son obsession à tout mettre en ordre, à faire que le linge de maison soit impeccable, bien repassé, bien lisse… Que nous dit-il ? Faudrait-il remettre les choses en ordre au plan familial ?
Son asthme, aussi, tente de dire quelque chose… Comme le précise Françoise Dolto : « Tout est langage ! ». Que nous dit-il ?

Garder le secret serait-il étouffant à ce point ?

Les enfants sont souvent **d'une incroyable créativité ou habileté** pour exprimer par des maux l'indicible et la souffrance de leurs parents.

Cette situation semble bien délicate. Toutefois nous pouvons garder l'espoir qu'un jour, Bernard entende ce que tente de lui dire son enfant. Tout est encore possible.
Les lettres que la mère de Bernard ne détruira jamais seront peut-être **la clef d'une libération possible** pour tous.

5. Deuil impossible ou secret ?

Voici les premières paroles de Denise : « Cette histoire est un secret qui n'en est pas un au départ ! »

« Il s'agit d'un deuil non fait, donc il n'y a pas eu volonté de cacher quelque chose. **Il y a eu une incapacité de faire un deuil et cela a agi dans la famille comme un secret de famille**. C'est une souffrance trop forte qui s'est encryptée quelque part.

Ma mère a toujours été dépressive, sans jamais savoir pourquoi. En ce qui me concerne, j'ai passé une grande partie de ma vie à **chercher**. Toute mon enfance, toute mon adolescence, je cherchais pourquoi **je pressentais** quelque chose qui n'allait pas et qui était totalement **insécurisant** pour moi. Je sentais mes parents extrêmement fragiles, et je vivais constamment dans l'**angoisse** que quelque chose me tombe dessus.

Je voulais protéger mes parents et surtout ne leur poser aucun souci. Je me suis mise dans la situation de dire toujours que tout allait bien et de ne jamais parler de moi.
Je me suis donnée la mission de soigner tout le monde en me neutralisant. Je me suis complètement **repliée sur moi-même**.
Alors que je rêvais d'être médecin, j'ai choisi des études de comptabilité. Ainsi, je me suis retrouvée à l'âge adulte seule avec des chiffres, dans un petit bureau tout gris.

Le repli total. J'avais l'impression de me sacrifier, de me suicider à petit feu. Je ressentais que je n'étais pas du tout là où je devais être, mais je le faisais quand même, parce que j'avais peur. **Je me détruisais, je m'en voulais de me détruire, mais la peur m'enfermait.** Heureusement, j'avais la foi et cela me donnait comme une certitude qu'il y avait une espérance quelque part.

Un peu d'histoire.

Ma mère, Claudine, est née juste après la mort de son frère Claude.

Claude, est mort en bas âge et ma grand-mère Mariette, à l'occasion de la perte de ce fils a **revécu le deuil de son propre frère de 19 ans, tué à la guerre de 14**.

Le frère de Mariette s'appelait François. Ce fut un véritable drame familial. C'était une famille très unie où il y avait beaucoup de joie.
La guerre a tout « foutu en l'air ».
Quand un gendarme est venu annoncer la mort de François, Mariette était auprès de son père. Quand il a lu le télégramme, Grégoire a dit : « Ma pauvre Célestine, elle ne s'en remettra jamais ». Pour la petite Mariette qui avait 15 ans à l'époque, c'était le drame…

Quand elle perdit sont père, 2 ans plus tard, elle tomba dans une grave dépression.

Bien des années plus tard, à la mort de **son fils Claude**, Mariette est de nouveau confrontée au souvenir de la mort de son frère dont elle n'avait pas fait le deuil, et ma mère, Claudine, a reçu de plein fouet, dans le ventre de sa propre mère, toute cette angoisse de mort.
Mariette accouchera de Claudine mais la délaissera continuellement.

Ma grand-mère s'est mariée très jeune. Son frère Paul également. Ils ont eu respectivement, 11 et 18 enfants. Il fallait que la vie l'emporte.

Mariette **s'est mariée avec un François**. Le premier **fils de Paul** s'appelle **François**.

Ma mère aussi a épousé un **François** et son deuxième prénom est **Françoise**.

Tous ces deuils non faits, ont fonctionné comme un secret.

Tout cela s'est passé inconsciemment. Mariette a refoulé toute la douleur de la perte de son frère, et celle de son propre père. Et elle s'est lancée dans une victoire pour la vie, presque de façon compulsive, avec un enfant chaque année…

Le secret de notre famille, nous dit Denise, c'est toute cette souffrance autour du décès de François. Il y a eu ce décès, mais on ne parlait pas de ce que cela faisait vivre. **Personne ne disait mot sur sa souffrance, sur sa peine, sur sa douleur.**

On parlait des enfants, de la famille nombreuse et de toute cette gaieté familiale…

Pour que la vie l'emporte, Mariette « fait » enfant sur enfant et **quand Claude, son fils, meurt**, c'est comme si elle était propulsée des années en arrière, au contact d'une réalité insupportable.

Ma mère qui naîtra à ce moment là, vivra continuellement angoissée.

Je suis la fille aînée de Claudine. Toute mon enfance, j'ai vécu dans une angoisse permanente. **Je ne savais pas ce qui se passait, mais j'imaginais que je devais libérer mes parents de tous soucis me concernant**. Je me suis mariée très jeune et rapidement j'ai eu 4 enfants. C'était très lourd pour moi, mais je ne disais rien.

Un jour, je suis tombée gravement malade, au point de rester totalement immobilisée.
Je me demandais comment j'avais pu me mettre dans une situation pareille ?
Je vivais mal et je souffrais beaucoup...
J'ai commencé à réfléchir sur le sens de ma vie. Je m'interrogeais sur cette souffrance affective, psychique qui se traduisait dans mon corps.
J'étais certaine que si je continuais comme cela, je mourrais.... À partir de là, **j'ai décidé de suivre une thérapie**.

J'ai commencé à parler, à confier ma souffrance.
Je me donnais enfin le droit de **sortir du secret de ma souffrance intérieure**...
J'étais entendue sans jugements. J'étais acceptée sans condition. Je pouvais sortir de cette solitude très profonde...
Plus j'avançais sur le chemin des mots, plus je retrouvais l'usage de mes jambes.
Moi qui était restée alitée plus d'un an, je pouvais me lever et remarcher. De plus, je souffrais moins. C'est comme si la parole libérait mon corps.

C'est dans ce cadre-là, que j'ai pris conscience de **ce deuil non fait dans ma famille** et de **tous les effets que cela avait eu sur ma façon de vivre**.

Cette thérapie a eu un effet extrêmement **libérateur**. Je me suis **déculpabilisée**.

J'avais imaginé être coupable de tout, sans savoir de quoi, et là tout d'un coup, je ne me sentais plus coupable. Il y avait quelque chose de très précis que je pouvais reconnaître et qui pouvait m'expliquer pourquoi ma mère était dépressive et pourquoi j'avais fonctionné comme cela.
À partir du moment où j'ai compris tout cela, je me sentie mieux. **Je me sentais vivre et non plus survivre.**
J'ai compris également que je ne recevrais pas l'affection que j'attendais depuis des années, ma mère en était incapable. J'ai cessé d'attendre ce qui ne viendrait jamais...

C'est à ce moment là que j'ai senti que je pouvais avancer. Je ne savais pas où j'allais, mais je pouvais avancer...
J'ai rejoins un groupe de prière. Pour la première fois, j'ai fait quelque chose pour moi. Je me suis autorisée une démarche qui n'était pas celle de mon mari. C'était vraiment la mienne...
Malgré les quatre enfants, je partais seule toutes les semaines. C'était vital. Et à partir de là, je n'ai plus jamais été seule... J'allais mieux, ma vie allait mieux...
J'ai retrouvé l'énergie de reprendre des études et aujourd'hui je peux me réaliser professionnellement.

La thérapie a été vraiment une libération. L'innommable qui m'effrayait était désormais relié à un fait. **Tout prenait sens.**

J'en ai parlé à mes frères et sœurs. Puis j'ai expliqué à mes enfants, en présence de mon mari, combien notre famille portait le poids de la guerre et de tous ces deuils non faits... Je leur ai dit également que maman n'avait probablement pas conscience de cela...

Depuis cette compréhension de mon histoire familiale, **la vie reprend le dessus.**

Découverte

Denise a toujours **cherché**... Elle **voulait comprendre** ce qui n'allait pas dans sa famille. Elle sentait ses parents extrêmement fragiles et vivait dans une **insécurité intérieure totale**. Elle pressentait que quelque chose de dangereux rodait autour d'elle mais ignorait d'où cela pouvait venir. Elle imaginait que ses parents avaient d'énormes soucis, donc elle ne devait pas être une source de tourment supplémentaire. À partir de là, elle prit la décision de dire toujours que tout allait bien et de ne jamais parler d'elle. Elle **s'effaça** en somme.
Elle renonce aux études de médecine pour devenir comptable. Très jeune elle se marie. « C'était très lourd pour moi mais je ne disais rien. »
Elle n'a rien dit pendant des lustres jusqu'au moment où son corps a commencé à s'exprimer. Toute cette **souffrance** physique ne faisait que traduire sa souffrance intérieure. Comme l'écrit Jacques Salomé : « Le silence des mots réveille la violence des maux ».
Grâce à cette démarche thérapeutique, Denise réalisera combien le **deuil non-fait** dans sa famille, **fonctionnait comme un secret toxique**.

Chapitre 4

Vécus intérieurs

À travers le récit de ces histoires vraies, nous percevons ce que peuvent vivre intérieurement les uns et les autres. Selon que l'on est détenteur ou destinataire, le ressenti n'est bien évidement pas le même.

1. Le détenteur

Comme son nom l'indique le détenteur est celui qui détient le secret. Il en est le propriétaire. Il **garde précieusement** le contenu du secret et **le cache** aux yeux de ceux qui ne doivent pas savoir.
Comme « se taire » n'est pas un choix mais une **obligation** que l'on s'impose à soi-même (ou que d'autres nous imposent d'une manière ou d'une autre), la personne est constamment **tiraillée**, partagée entre « **dire** » ou « **ne pas dire** » et « **à qui** » ?

4

La personne qui décide de garder le secret le fait par souci de ne pas dévaloriser l'image qu'elle représente au plan personnel bien sûr, mais aussi parce que son image « salie » peut porter atteinte à sa famille, donc à sa filiation et à sa descendance.

Ne pas dire permet de **sauver les apparences**. Mais toutefois **l'envie de dire est très forte** surtout auprès de personnes intimes comme le conjoint, les enfants, les amis proches, et **ne pas dire, fait effet de mensonge**.

Non seulement la personne est **partagée**, mais en plus elle est animée par un fort sentiment de **culpabilité**.

Le détenteur fait constamment **pression sur lui-même** pour ne pas dire. Il s'oblige à se contenir, à étouffer son envie de parler, il tente alors de **tout maîtriser** tout le temps, il vit perpétuellement sur le qui-vive. Certains sujets de conversation deviennent intolérables et nous voyons apparaître comme « **des zones interdites** » où chacun comprendra **qu'il vaut mieux se taire**.

S'obliger à ne rien dire, vivre dans la peur, le mensonge et la culpabilité crée une tension insupportable. Le détenteur **s'épuise** à aller contre ce qu'il voudrait de façon pulsionnelle. Cela lui demande une énergie faramineuse.

Le détenteur refoule sans cesse son désir. Toute **l'énergie vitale** de la personne est **aspirée** dans ce grand trou noir que représente le secret.

Le secret de famille est un vrai « **bouffeur d'énergie** ». C'est pourquoi, dans certaines circonstances, certains tentent d'oublier ou de nier l'événement.

D'autres parfois, décident un jour de **révéler ce secret** et se demandent comment s'y prendre au mieux.

2. Le destinataire

Rappelons que le destinataire est celui qui ne doit pas savoir.

Le destinataire ne sait pas. Il ne connaît pas le secret mais il est constamment **troublé**, et il ne peut pas expliquer clairement ce qui le trouble. **Il ne trouve pas les mots**, il ne comprend pas ce qui se passe et ce qui lui arrive. Alors il cherche. **Sans arrêt, il cherche**… Comme l'archéologue, il creuse, il pioche par-ci par-là des éléments, les rassemble…
À d'autres moments, il explore les fonds marins…

Plonger dans son histoire familiale ressemble fort à une véritable plongée sous-marine. Pas n'importe quelle plongée, je parle ici de celle qui s'adresse aux chercheurs d'or du fond des mer (e)s…
Le destinataire est un vrai plongeur. Les grands fonds l'attirent. Cependant, plonger est difficile, cela donne le vertige, la peur au ventre. Puis, laissant tomber un peu le mental, c'est le grand saut. « Depuis le temps que j'attendais ! » Au début, tout est trouble, il ne voit rien, ou pas grand chose. Notre plongeur s'affaire, s'agite, remue la vase qui stagne là depuis des lustres, **il cherche… Mais que cherche-t-il au juste ?** Il ne le sait pas lui-même. Il sait au fond de lui qu'un jour, il découvrira quelque chose, quelque chose d'important, de précieux, pas seulement pour lui, mais aussi pour ses enfants et ses petits enfants, s'il en a un jour… Les plongées se succèdent… Rien, toujours rien. Cela devient désespérant, notre plongeur **se met à douter de lui**, il n'y croit plus. « Je me suis raconté des histoires, je croyais devenir un grand découvreur, mais **je me suis trompé**. Il n'y a rien, rien à découvrir. C'est de la folie d'y croire encore… ». Abandonnant cette quête effrénée, il décide d'apprécier l'instant présent, juste avant de remonter à la surface. Il ouvre enfin les yeux sur la beauté de ce monde sous-marin. Toutes les particules en suspension retombent et l'eau trouble devient transparente, presque lumineuse. **Tout s'éclaire**… Notre plongeur porte un autre regard sur ce qui l'entoure et… aperçoit au loin une **toute petite clef**. « Tiens ». Il s'appro-

che le cœur battant, il hésite : « Ai-je le droit de m'approprier cette clef ? Que vont-ils penser là-haut ? C'est étrange, **j'ai peur**. Je vois bien que cette clef peut ouvrir ce coffret qui m'a été offert par mes parents avec l'interdiction formelle de l'ouvrir ! Alors **que faire** ? **Leur rester fidèle ou me respecter moi-même** et regarder en face ce qu'ils me cachent depuis toujours ? ».

Il prit la clef, il sortit de sa besace ce coffret qu'il ne quittait jamais, et l'ouvrit.

À partir de ce moment là, tout devint clair pour lui. **Enfin, il détenait le trésor de sa vie**.

Immédiatement il eut ce désir fulgurant de remonter à la surface, de sortir de l'eau le plus vite possible et de tout raconter, tout dévoiler. **Tout dire à la face du monde**. Il fallait que tout le monde sache enfin ce qu'il détenait, ce qu'il avait trouvé, depuis le temps qu'il cherchait…

Toutefois, il se rappela qu'en plongée sous-marine, il est **indispensable de réaliser** ce qu'on appelle **des paliers de décompression**, avant de rejoindre la surface. **Sinon** il courrait un grave **danger**.

Remonter à la surface, oui, mais par paliers. C'est absolument vital !

Par cette image du plongeur, nous comprenons aisément que **tout destinataire peut devenir détenteur** du secret. Et la tentation immédiate peut être de tout dévoiler de façon brutale sans avoir pris le temps de mûrir une réflexion à ce sujet.

Tout **révéler brutalement** peut s'avérer très **dangereux voire destructeur** pour tout le monde. Attention danger !

D'où l'importance de respecter « ces paliers de décompression » qui sont des étapes absolument nécessaires pour ces nouveaux détenteurs.

Se libérer du secret nécessite de **prendre du temps** afin de trouver le meilleur chemin qui même à la révélation.

Toutefois, **si des vies sont en jeu** du fait de secrets dangereux (violence sur enfants, abus sexuels, menace de mort…), informer, parler, **dévoiler rapidement est une obligation**. À ce stade, ne rien dire serait considéré comme non assistance à personne en danger !

Comme le précise Evan Imber Black, thérapeute familiale, les secrets de famille peuvent être dangereux ou toxiques.

C'est dans le cas de secrets toxiques, secrets qui « empoisonnent les relations », que je propose **de prendre le temps nécessaire à l'élaboration d'une révélation**.

Deux vécus différents, selon que l'on est détenteur, ou destinataire. L'un connaît le secret depuis toujours pour l'avoir subi ou créé, et l'autre sera toujours celui qui ne doit pas savoir. Toutefois, nous constatons que de nombreux destinataires pressentent tellement de choses « bizarres » qu'ils cherchent et certains finissent par trouver. Les uns et les autres détiennent alors le contenu du secret. Certains finiront par l'oublier ou le nier. D'autres feront éclater la vérité de façon brutale voire destructrice. Et puis, certaines personnes trouveront le moyen de briser la loi du silence dans les meilleures conditions possibles, en prenant le temps d'élaborer leur révélation.

Le secret vu par un enfant. Mahé, 8 ans.

Troisième partie

Un chemin possible...

Tout être humain porte en lui, le désir de communiquer.

L'Homme « est avant tout un être de langage. Ce langage exprime son désir inextinguible de rencontrer un autre, semblable ou différent de lui, et d'établir avec cet autre une communication ».[73]

Mais comment restaurer une véritable communication auprès des siens quand le secret vous habite depuis tant d'années ? Comment sortir du silence ? Comment renoncer à la dissimulation, au mensonge ? Comment trouver les mots pour le dire ?

En prenant son temps... Le temps de l'élaboration d'une révélation possible.

Un temps pour se dire dans un lieu protégé. Un temps pour réfléchir en étant accompagné.
Un temps pour se permettre de douter. Un temps pour se permettre d'oser.

73. F. Dolto, **Tout est langage**, 1987, p. 8.

Chapitre 5

Communiquer son secret avant de le révéler !

1. Communiquer son secret

Y aurait-il une différence entre révéler son secret et le communiquer ?

Oui, *« La communication se distingue nettement de la révélation. On « révèle » un secret à tout le monde ou à n'importe qui ou alors, directement à son destinataire.* ***On ne le « communique » qu'à des confidents choisis par décision individuelle.*** »[74]

La communication rime avec confidence. Le contenu du secret passe d'une personne à l'autre, en restant bien vivant. La révélation, elle, détruit le secret.

Communiquer son secret ce n'est pas le révéler. La révélation, sans communication préalable, peut être d'une grande violence. C'est souvent parce que le détenteur n'en peut plus de garder cela pour lui tout seul, qu'il étouffe. Et quand la coupe est pleine, c'est l'explosion. Tout ce qui était contenu depuis tant d'années explose littéralement à la figure des uns et des autres.

D'où l'importance d'un lieu et d'un confident pour pouvoir se dire au préalable.

Comme nous l'avons vu, ce confident se nomme un dépositaire.

2. Les limites de l'ami intime

Le dépositaire est souvent l'ami intime à qui est confié le secret. Ce dépositaire est mis dans la même situation que le détenteur. La seule différence est qu'il n'est pas le propriétaire du contenu du secret. En fait, quelque chose

74. A. Zempléni, **La chaîne du secret**, p. 315.

de précieux lui est confié. Il se doit bien évidemment de garder le secret mais aussi le nom de la personne qui le lui a transmis.

Quand un dépositaire est choisi, il y a une responsabilité partagée. « *Le choix du dépositaire est loin d'être anodin [...]. Il n'est pas seulement demandé au dépositaire, par le détenteur, de conserver le secret, mais aussi de le partager, de l'étayer, de l'aider à élaborer, à soutenir ses souhaits de séparations et du même coup, à soutenir ses souhaits de révélations.* »[75]

Le confident partage le secret. Le détenteur n'est plus le seul à porter cette lourde charge, et souvent, lorsque le moment de la révélation approche, le dépositaire met tout en œuvre pour soutenir son ami, jusqu'au bout.

Toutefois, dans certaines circonstances, l'ami intime est vraiment trop proche des membres de la famille et se confier à lui, n'est pas chose aisée. En effet, le détenteur sait bien que cette situation est très difficile à vivre car son ami sera constamment habité par un fort désir de dire la vérité et par celui de conserver la vérité par souci éthique... Imposer cela à quelqu'un ressemble fort à un cadeau empoisonné.

Dans ces conditions, que faire ?

Il est possible de se confier, dans un cadre professionnel protecteur.

3. La nécessité d'un dépositaire professionnel

Les personnes confrontées aux secrets de famille approchent tout doucement quelque chose. Ces destinataires s'interrogent. Ils se demandent ce qui se passe. Ils ne comprennent pas. Ils recherchent. Ils articulent et puis tout doucement, ils approchent le secret... et parfois, le découvrent. Dans ce cas, leurs statuts changent. Ils étaient ceux qui ne devaient surtout pas savoir et, dès lors, ils intègrent la communauté de ceux qui savent. Il leur faudra du temps pour se **familiariser** avec le secret, **apprivoiser** les nouveaux éléments de leur histoire, jusqu'à bien **cerner ce secret**.

Prendre le temps nécessaire, en étant accompagné par un professionnel de confiance, offre ainsi cette possibilité de décompresser, de prendre conscience de ce qui se passe, afin de préparer la révélation.

75. C. Delassus, **Le secret ou l'intelligence interdite**, p. 62.

Avant d'en parler à la famille, il me semble essentiel de prendre le temps de parler seul à **un dépositaire professionnel**. Cet accompagnant peut être un (e) éducateur spécialisé, un (e)conseiller conjugal et familial, un (e) psychologue, un (e) thérapeute ou psychothérapeute...

De toute évidence, un professionnel formé aux relations humaines et ayant bien évidemment réalisé un travail personnel au préalable. « Connaître ses propres secrets familiaux est la condition pour pouvoir s'occuper de ceux des autres. »[76]

Ce **dépositaire « relais »**, extérieur à la famille, aux amis, offre aux personnes concernées cette possibilité de revisiter leur histoire, en tenant compte de nouveaux éléments. Il permettra de reprendre tous les mensonges qui auront pu être dits... Il proposera de retravailler tout cela, avant de pouvoir en parler, afin de savoir comment le dire et à qui ?

Avant de le dire à la face du monde, même si c'est un petit monde, il semble important de laisser remonter à la surface, toutes les émotions, afin d'intégrer, de digérer ce qui se vit. Ensuite, le détenteur peut travailler ce qui est à dire, à ne pas dire et à qui, dans un cadre bienveillant, et dans le respect du secret professionnel.

Le secret de famille n'a pas à être révélé systématiquement à tout le monde. En revanche, certaines personnes doivent être informées compte tenu des effets néfastes de sa présence au sein de la famille.

Ce dépositaire professionnel est en quelque sorte une passerelle qui offre cette possibilité de franchir un cap difficile. Ainsi, le détenteur engrange suffisamment d'énergie et de forces intérieures pour se confronter à la révélation dans les meilleures conditions.

Dans certains cas, un travail thérapeutique de longue haleine est nécessaire. C'est dans un lieu totalement personnel et confidentiel, auprès d'un professionnel confirmé, soumis au secret professionnel, qu'il sera possible d'entreprendre ce travail.

La personne qui entreprend cette démarche se donne les moyens de restaurer de l'intime dans sa vie.

À partir de témoignages concrets, issus d'entretiens individuels auprès de personnes ayant suivi une psychothérapie personnelle, je vous propose de découvrir les bienfaits du secret intime à travers la démarche thérapeutique.

76. S. Tisseron, **Secrets de famille mode d'emploi**, p. 124.

Chapitre 6

Les bienfaits de l'intime

Nous avons tous un droit au secret, au sens personnel et intime, et le respect de ce droit est absolument vital.

Les secrets personnels sont gardés précieusement par leurs propriétaires et peuvent être confiés dans l'intimité d'une relation de confiance. C'est ce qui se passe dans un lieu thérapeutique.

1. Le droit au secret intime reconstitue l'identité personnelle

Oser s'accorder un lieu à soi, protégé de tous, pour **pouvoir se dire et être entendu** d'une personne en particulier, choisie pour sa compétence professionnelle, est un acte extrêmement important. Communiquer, se confier à la personne de son choix, constitue une réelle affirmation de soi.

Savoir dire non est une façon de s'affirmer. Refuser de répondre à la demande explicite ou implicite d'un autre, est constitutif de l'identité individuelle. Mais **refuser de garder pour soi un secret de famille** en le confiant à un professionnel est aussi le début d'une **affirmation de soi**. La personne s'octroie le droit de dire, de livrer, de dévoiler tant certains actes que certaines idées, dans un cadre strictement intime, protégé et confidentiel. Se dire dans ces conditions permet à celui qui se confie de restaurer une intimité avec lui-même et avec une personne de confiance. Se dire en secret, dans ces conditions, est structurant, en effet **cela restaure de l'intime**, du privé.

Ainsi se reconstitue un sentiment d'identité personnelle.

Garder pour soi un lieu privilégié où penser ses secrets confirme l'Homme dans son identité propre.

Dans ce lieu confidentiel et privé se dévoilent des secrets personnels. Ce lieu thérapeutique est le contenant, à l'image de l'espace psychique, et les secrets seront contenus dans ce lieu précis. C'est un **rendez-vous avec son être profond**.

Certains témoignent…

« Dans ce lieu-là, on peut tout dire car je sais que rien ne sortira d'ici. »

« J'ai l'impression de me retrouver. »

« On confie des choses que visiblement on n'a jamais confié à personne d'autre avant. »

« C'est un lieu où on se parle à soi-même. »

« C'est une façon de se découvrir. »

La personne prend contact avec son être profond, le cœur d'elle-même, son identité propre. Cette partie d'elle-même, si fragile, est ainsi protégée dans un lieu sûr.

« Le droit au secret permet de constituer une barrière étanche entre les autres et soi, ainsi qu'entre notre vie privée et notre vie publique. »[77]

Grâce à ces lieux de confidentialité, **la personne** qui se livre **réalise ce qui lui appartient en propre** et qui la constitue, **mais aussi ce qui n'est pas bon pour elle** et qui la détruit.

Ces prises de conscience lui permettront d'élaborer tout un travail pour se libérer de ce qui lui est néfaste.

2. Le secret intime restaure la confiance

Selon la définition du dictionnaire le Petit Robert, la **confiance** est l'« Espérance ferme, l'assurance de celui qui se fie à quelqu'un ou à quelque chose. » V. Créance, **foi**, sécurité. C'est aussi : le sentiment qui fait qu'on se fie à soi-même. V. **Assurance**.

Nous avons vu précédemment que **l'espace psychique et** *« la vie psychique ne se construisent que sur la possibilité du secret. »*[78] Ainsi l'individu pose clairement une limite entre lui et les autres, entre son monde interne et le monde extérieur. Toutefois, son besoin de communiquer avec autrui, est absolument vital.

---

77. S. Tisseron, **Secrets de famille, mode d'emploi**, 1996, p. 8, 9.

78. Revue ***Différence***, op. cit.

De ce fait, la présence de secrets personnels très douloureux, et ce désir d'échange et de communication, font que certaines personnes ressentent suffisamment de confiance en elles, pour exprimer clairement une demande d'aide auprès d'un professionnel.

Et comme le veut la définition du mot **confiance**, ces personnes ont le sentiment qu'elles peuvent se fier à elles-mêmes (confiance en soi) et éprouvent une espérance, une foi en l'autre (confiance en l'autre) à qui parler de leurs secrets.

Ces secrets personnels sont tellement précieux pour ceux qui les détiennent qu'ils ne vont pas les confier à n'importe qui !

L'intimité psychique se respecte, elle ne se dévoile pas « sur la place publique ». C'est un cadeau que l'on confie à une personne que l'on choisit, **c'est de l'ordre du don**. Cela suppose un facteur essentiel : **la confiance**.

« Dans la communication du secret, la voie est ouverte à l'échange, et le détenteur du secret en fait "cadeau" au dépositaire, qui jouit alors de sa confiance. »[79]

Le secret suppose un contenu (il y a quelque chose que je sais, que je vis) déposé dans un lieu précis (l'espace psychique) et une personne à qui je le dissimule ou le confie.

Lors d'une démarche thérapeutique, les personnes ont toutes des secrets, des « choses » contenues, enfouies, qu'elles gardent dans leur cache secrète (l'intérieur d'elles-mêmes) et qu'elles décident de communiquer en confiance à quelqu'un, dans un lieu secret (le cabinet du thérapeute).

Cette confiance se donne (à travers les secrets confiés) dans un lieu confidentiel, auprès de quelqu'un qui offre aussi ses secrets : le secret professionnel et le secret absolu sur sa vie privée (pour que le travail thérapeutique puisse se réaliser). Il y a donc un véritable échange.

Dans la mesure où il y a un lieu à soi et une personne de confiance pour soi, le détenteur se sent en **sécurité** et cela renforce sa **confiance** personnelle.

3. Le secret, une condition pour pouvoir penser

Nous savons qu'il existe un lien étroit entre le développement affectif et le développement de la pensée.

---

79. C. Delassus, **Le secret ou l'intelligence interdite**, p. 74.

L'amour reçu, l'attention de l'autre envers soi et la capacité de penser sont étroitement liés.

Le lieu thérapeutique, tel l'espace psychique, est totalement privé. Le thérapeute reçoit la confidence d'émotions, de sensations, d'idées secrètes.

L'intimité du lieu, ainsi que la confiance relationnelle, offrent le ressenti d'un amour inconditionnel de sa personne.

La **confidentialité**, l'**écoute sans jugement**, l'**attention bienveillante** font que la personne se sent acceptée telle qu'elle est. Elle se réconcilie avec elle-même et avance doucement vers un chemin de compréhension de son histoire personnelle.

« Le droit au secret de chacun est essentiel... Il est la première condition à la possibilité de penser par soi-même et pour soi-même. »[80]

« Se préserver le droit et la possibilité de créer des pensées, et plus simplement de penser, exige que l'on s'arroge celui de choisir les pensées que l'on communique et celles que l'on garde secrètes : c'est là une condition vitale pour le fonctionnement du moi. »[81]

Le fait de pouvoir se poser, permet de faire le calme en soi, de s'intérioriser. Les turbulences intérieures s'apaisent, la personne peut se concentrer et son activité psychique se développe. Raisonner, réfléchir, exercer son esprit, autrement dit **penser** n'est possible que dans la mesure où un espace personnel, bien délimité, existe.

Un travail de réflexion, de compréhension, de clarification se réalise. La conscience s'ouvre.

Le secret intime nous offre un lieu et un droit pour pouvoir penser. À partir de là, les pensées sont gardées secrètement ou alors partagées, confiées, échangées. La révélation du secret de famille peut s'élaborer de façon saine.

4. Le secret personnel et intime est vivifiant

Le secret est intimement lié à la **parole** et à **l'écoute**. Comme le précise Serge Tisseron, *« le secret c'est ce qui n'est pas dit »*. En fait, le secret c'est ce qui

80. S. Tisseron, **Secrets de famille, mode d'emploi**, p. 14.

81. P. Castoriadis-Aulagnier, **Le droit au secret : condition pour pouvoir penser**, p. 142.

n'est pas dit, partout et à n'importe qui. Le secret est aussi **une parole vraie** que l'on prononce auprès d'une personne de confiance, qui nous assure la confidentialité de nos propos.

Pourtant, parler n'est pas si simple, c'est prendre un risque, celui de se dévoiler, de se livrer, de se montrer tel qu'on est en vérité. Alors, quand cela est possible, la personne qui parle se sent en confiance et peut aller à la découverte d'elle-même.

Bien sûr, *« le discours peut dire le vrai ou le faux »*[82]. Toute personne détient en elle le pouvoir de refuser à l'autre tout droit de regard sur sa vie intérieure. Ses pensées lui appartiennent. Toutefois, l'intérêt de la démarche thérapeutique, c'est d'être vrai et de parler vrai. Cela redonne vie à une communication authentique.

Dans son livre « T'es toi quand tu parles » Jacques Salomé nous précise qu'« **une relation vivante** suppose la libre circulation entre les protagonistes de quatre possibilités de valeurs équivalentes : **Oser demander, oser donner, oser recevoir et oser refuser** ».

En rencontrant ces personnes qui, toutes avaient entrepris une psychothérapie individuelle, j'ai constaté à travers leurs récits, qu'elles avaient posé clairement une **demande d'aide**, chaque personne avait **osé donner une parole vraie** en confiant le plus profond d'elle-même, chacune avait **osé recevoir l'écoute** bienveillante de l'autre, et cette relation privilégiée dans ce cadre protégé d'un lieu thérapeutique était possible car chaque personne avait **osé refuser de tout dire** à n'importe qui et n'importe comment.

Les demandes s'exprimaient de la façon suivante :

« Le fait de me sentir dans une situation difficile et de ne pas pouvoir m'en sortir toute seule… C'est ce qui m'a poussé à y aller. »

« Je sentais bien que j'avais des choses à régler par rapport à mon histoire. »

« J'avais besoin de quelqu'un qui puisse m'aider à faire des liens. »

« Je vivais à côté de ma vie ; je voulais comprendre comment j'en étais arrivé là. »

Chacune des personnes **donnait d'elle-même** :

« On peut tout dire. »

« On confie des choses… cela va très loin dans l'intimité parce que l'on va même jusqu'à dire des choses dont on n'avait pas conscience soi-même. »

---

82. P. Castoriadis-Aulagnier, **Le droit au secret : condition pour pouvoir penser**, p. 149.

« Pour que cela fonctionne, il faut vraiment exprimer ce que l'on est. »

« J'exprimais toute ma colère, ma tristesse… Beaucoup de choses sont sorties… »

« Elle détenait mes secrets de vie. »

« Tu révèles des choses sur toi-même ou sur ton vécu que personne d'autre ne sait. »

Chacune acceptait de **recevoir** l'écoute bienveillante du thérapeute :

« On se sent aimé »

« L'autre t'accepte comme tu es avec toutes tes différences. »

« On découvre des choses sur soi au fur et à mesure. »

« J'allais me faire du bien »

« Cela me donnait une réelle sécurité intérieure. »

Refuser devenait enfin possible :

« Si tu vas voir quelqu'un comme cela, c'est que tu ne veux pas en parler aux autres. »

« Tu dis des choses que tu ne dis à personne d'autre. »

« C'est secret, c'est mon lieu. »

« Même mon mari ne me demande pas ce qui se passe. C'est douloureux pour lui, car il a l'impression d'être tenu à l'écart, mais c'est important pour moi que cela soit respecté. »

L'existence d'un lieu pour parler ses secrets permet de se libérer, de se dégager, de respirer… de mieux vivre.

« Tout cela était vivifiant, cela me libérait… »

« C'est comme une petite lumière, tu y vois plus clair. »

« C'est retrouver un peu de calme en nous, et ce calme te donne la possibilité de mieux respirer. »

« Quand j'ai commencé à rentrer dans le sens, je me suis sentie vivre… »

En résumé, **les secrets personnels et intimes sont structurants**. Ils nous constituent comme sujet autonome. Ces secrets sont à l'origine de notre confiance (en soi et en l'autre), ils sont la condition indispensable pour pouvoir penser. Ils nous créent, nous transforment, nous dynamisent, ils sont **source de vie**.

Ainsi l'existence d'un **jardin secret** nous permet de cultiver des relations saines, des relations vivantes. Cultiver son jardin secret suppose de prendre soin de sa terre, de son lopin de terre intérieure. Cela nécessite de s'approprier un espace bien délimité. Puis, cette terre gagnée à la sueur de son front, sera nourrie par des soins appropriés.

Le secret est une terre fertile. D'ailleurs, la racine du mot secret est agricole.

Une bonne terre a besoin de respirer et ne doit pas être trop encombrée de mauvaises herbes. Ainsi les plus beaux arbres peuvent prendre racine.

Autrement dit, **notre espace personnel et intime se doit d'être désencombré de secrets toxiques**, à l'image des mauvaises herbes, ainsi nous respirons mieux, nous vivons mieux et nos enfants peuvent grandir sans avoir à « payer les fautes de leurs ancêtres », selon l'expression de Nina Canault.

Pour vivre, l'Homme a des besoins physiologiques impératifs, notamment la respiration. Celle-ci suppose l'inspiration, suivie d'une expiration. L'une ne va pas sans l'autre. La personne qui s'obstinerait à inspirer continuellement serait condamnée à une mort certaine ! Pour le transit intestinal, c'est exactement la même chose.

À côté de ses besoins biologiques impératifs, l'Homme a aussi **un besoin vital d'échanges avec l'autre, afin d'être reconnu et entendu**.

« Avec le secret, nous passons de l'impératif de l'échange biologique à celui de l'échange social. Qui voudrait mettre tous les contenus de sa vie au secret et conserver indéfiniment la maîtrise de ce qu'il a ainsi mis à l'écart serait, lui, réduit au silence de la psychose et condamné à la mort sociale. Le pouvoir de rétention du sujet est limité ici par la nécessité vitale de sa participation à l'échange social. »[83]

Autrement dit, **retenir tous ses secrets est impossible** voir destructeur, d'où l'importance d'un lieu pour pouvoir se dire et être entendu.

L'existence d'un lieu personnel, confidentiel, fait d'écoute bienveillante peut permettre la mise à jour de secrets de famille.
Ce lieu intime, que constitue le cabinet du thérapeute, permet de restaurer un sentiment d'identité, de ré-apprivoiser la confiance en soi et enfin, penser librement devient possible.

---

83. A. Zempléni, **La chaîne du secret**, p. 319.

La vie reprend ses droits, et toute l'énergie mise en œuvre pour cacher, pour nier, pour oublier ces secrets de famille, se transforme en une énergie libératrice et créatrice, offrant au détenteur la force intérieure qui lui permettra de parler vrai auprès de ceux que le secret de famille concerne.

Le fait d'avoir un lieu et une personne à son écoute pour se dire en vérité permettra au détenteur de dire enfin sa propre vérité.

5. La révélation devient possible

Quelques témoignages…

« J'ai immensément apprécié d'avoir un lieu psychothérapeutique. Cela m'a permis d'émettre toute sorte de suppositions, d'exprimer mes ressentis, et tout cela m'a mené vers une hypothèse que j'ai explorée et il s'avère que j'ai découvert le contenu du secret. Je me suis sentie accompagnée, j'ai trouvé en moi l'énergie de vérifier ma trouvaille et cela m'a été confirmé.
Je me suis sentie entendue, accueillie, encouragée, accompagnée… et solidifiée. J'avais quelqu'un à mes côtés qui m'aidait… Pas à pas, j'ai confié mon secret, à l'un puis à l'autre… Je me sens plus libre, mes angines ont totalement disparues. Je me sens revivre et cela me donne l'énergie de communiquer à d'autres cette expérience. »

« Très souvent, les peurs liées à la révélation du secret sont entretenues par notre imagination. Nous avons une faculté incroyable à imaginer un scénario catastrophe. À partir du moment où on s'autorise à parler, on constate que le scénario qu'on avait imaginé est souvent très loin de la réalité. C'est très surprenant, cette faculté que nous avons d'entretenir nos peurs. Nous imaginons que tout va s'écrouler, que tout va disparaître. Alors, nous ne disons rien pour protéger l'autre. En fait, très souvent, sous prétexte de protéger l'autre, on se protège soi-même. Mais, cette vérité qui nous faisait vraiment peur, quand elle peut se dire, elle transforme la vie. Je suis très heureuse d'avoir pu dire la vérité à mon fils. »

« Je cherchais… je cherchais et un jour j'ai trouvé ! Je n'avais qu'une envie, tout dire, tout de suite, et à tout le monde. Depuis le temps que je cherchais, je pouvais bien leur montrer ce que j'avais découvert… En fait, j'étais très en colère de toutes ces années de tromperie, de mensonges, et je voulais leur faire payer… Heureusement, j'étais suivi à l'époque par un psychothérapeute qui m'a simplement dit, « Si vous voulez retrouver votre mère dans un hôpital psychiatrique, il faut y aller tout de suite et plus vite que cela ! ».

Je ne m'attendais pas à de tels propos, ça m'a stoppé net. En fait, j'ai eu peur. J'ai réalisé par la suite que je n'avais aucune conscience de ce que pouvait faire telle une révélation animée par la haine et la vengeance. En fait, j'aurais pu tout détruire sans m'en rendre compte. Pendant plusieurs mois, j'ai pris le temps de parler, de dire ma colère, dans le cabinet du psychothérapeute. Je me suis senti entendu et calmement cette fois-ci, j'ai envisagé d'aborder cette question du secret autrement. Je ne suis plus animé par cet esprit de vengeance, je me sens plus aimant, plus compréhensif. J'ai commencé à en parler à mon père, ça c'est bien passé... ».

« À partir de ce moment là, je me suis sentie libérée. »

« Depuis, j'ai retrouvé confiance en moi, je n'ai plus rien à craindre »

« Je me sens plus libre également, plus légère, plus spontanée. »

Les mots permettent ainsi de tirer un fil conducteur, qui dénoue la pelote de « l'haine ».

Le mensonge et l'angoisse disparaissent.

Les liens nocifs se dénouent.

Chacun retrouve un peu d'espace, pour se voir, s'entendre et se parler vrai.

L'emprise du secret n'existe plus, c'est la liberté retrouvée.

La liberté d'être pleinement soi-même.

Le secret vu par un enfant. Léa, 10 ans.

Conclusion

Cultivons notre jardin secret, et n'entretenons pas le secret de famille.

L'un appelle la vie, l'autre la détruit.

Dans le cas du jardin secret, ce que l'on garde en soi est « bon », cela nous constitue. C'est notre intimité profonde, notre terre intérieure. C'est ce qui affirme notre identité, notre spécificité, notre originalité, et cela nous rend créatif pour ce monde que nous pouvons penser, aimer en toute confiance. Cela nous donne vie.

Dans le cas du secret de famille, ce que l'on garde en soi est nocif, c'est une sorte de poison qui se diffuse dans tout le corps et se transmet de génération en génération. Il y a contagion puis une véritable épidémie.
Le porteur initial du secret de famille garde en lui non seulement le contenu du secret, mais aussi toute la honte et la culpabilité qui s'y rattachent, et cela contribue à le rendre prisonnier d'un acte qui n'a pas pu se dire. Le problème est que le porteur du secret n'est pas le seul à être emprisonné, ses enfants et petits-enfants sont comme enrôlés de force.

Garder en soi un secret de famille mine, ronge, détruit l'être profond, c'est de l'anti-vie. Nous l'avons vu, il détruit l'identité de la personne, il anéantit la confiance. Il perturbe gravement la capacité de penser et nuit à l'amour entre les êtres.

Au lieu d'être « Auteurs de leur vie et Acteurs dans le monde », ces personnes deviennent pantins, polichinelles manipulés par les ficelles du secret de famille.

Grâce aux effets de la révélation du secret, nous voyons combien parler vrai libère et redonne **une énergie de vie**.

La vérité est souvent difficile à dire, ainsi qu'à entendre mais elle permet à l'Homme de se construire sur des bases solides.

Être un éclaireur sur le chemin de certains… Mettre un peu de lumière sur les effets catastrophiques que génère la présence d'un secret de famille contribue selon moi à un véritable travail de prévention des effets néfastes de certains secrets.

À partir de prises de conscience, certains oseront faire le pas vers le dépositaire de leur choix, cette personne de confiance qui accueillera de façon bienveillante ce qui ne pouvait se dire jusqu'à présent. C'est une manière de **se libérer de façon constructive**. Ce qui se dit a le temps de se digérer, d'être intégré et patiemment, le détenteur peut envisager le chemin qui mène à la révélation.

Comme dit Françoise Dolto : « *Le pont entre les êtres, c'est le langage qui le fait.* »

Permettre à l'autre de se dire en vérité, c'est lui offrir ce relais, cette passerelle qui mène à la vie.

Le plus difficile, c'est de faire le premier pas pour franchir la passerelle. On voit le vide au-dessous, la tête tourne, le pont bouge. On perd l'équilibre mais pas après pas… on avance sur le chemin des mots, sur le chemin du sens et ainsi on peut poser son pied du bon côté.

Comme le dit Jacques Salomé : « *Le possible est juste un petit pas après l'impossible* »

La confiance s'instaure, le droit de dire sa souffrance est possible, la porte d'un jardin secret s'entrouvre, l'énergie revient…

« L'énergie qui se trouvait bloquée, aspirée par le trou noir (NDE : troublant) que constituait le secret se libère, permettant au souffle vital de reprendre le dessus. »[1]

Choisis donc la VIE !

84. C. Delassus, op. cit., p. 208.

Secrets structurants

Les secrets personnels et intimes

Le secret est un bien précieux, contenu en soi et constitutif de soi en tant que **sujet**.

Les secrets sont à l'origine de **la confiance** en soi et en l'autre.

La vie psychique ne se construit que sur la possibilité du secret. Les secrets sont la condition indispensable pour **pouvoir penser**.

Les secrets sont **vivifiants.**

De façon générale, le secret cesse d'être structurant et devient déstructurant au moment ou nous cessons de « garder un secret » pour « être gardé » par lui et pour devenir son prisonnier. » Serge Tisseron

Secrets déstructurants

Les secrets de famille

Les personnes concernées par le secret

Les détenteurs.

Les dépositaires.

Les destinataires primaires.

Les destinataires secondaires.

Les événements

indicibles

innommables

impensables

Les effets des secrets de famille

Création du mythe familial

De la famille unie

De l'harmonie

De la richesse

Du droit chemin

De la normalité

Les sécrétions

Les secrets sécrètent des indices

Le clivage

Chez le détenteur

Chez le destinataire

Les conséquences de la présence du secret de famille

- Le paraître prime sur l'être
- La méfiance prévaut
- La confiance en soi est quasiment impossible
- La capacité de penser est altérée
- La tension est permanente
- Le poids du silence fait violence
- L'intimité disparaît

« Parfois le prix du silence se trouve être le prix de la vie ! »

Les effets de la révélation

La révélation peut faire violence

Déni et rejet peuvent être au rendez-vous

La révélation libère

Une véritable communication s'instaure

- Pouvoir se dire
- Être entendu
- Être reconnu
- Se libérer
- Se positionner
- S'affirmer
- Restaurer de l'intime
- (Re) Créer la confiance en soi, en l'autre
- Retrouver son énergie créatrice
- La vie reprend le dessus

Bibliographie

Livres

Abraham N., Torok M., L'écorce et le noyau, Paris, Flammarion, 1987.

Ancelin Schutzenberger A., Aïe mes aïeux ! Desclée de Brouwer/ La Méridienne, Paris, 1993.

Canault N., Comment paye-t-on les fautes de ses ancêtres ? Desclée de Brouwer, Paris, 1998.

Castoriadis-Aulagnier P., Le droit au secret : condition pour pouvoir penser, in **Nouvelle Revue de Psychanalyse n° 14**, Paris, Gallimard, 1976.

Delassus C., Le secret ou l'intelligence interdite, Éditions Hommes et Perspectives, Marseille, 1993.

Dolto F., Tout est langage, Paris, Vertiges du Nord/Carrere, 1987.

Freud S. (1905), **Trois essais sur la théorie de la sexualité**, Paris, Gallimard, Collection Folio/Essais, 1987.

Girard C., Le secret aux origines, in **Nouvelle Revue de Psychanalyse n° 14**, Paris, Gallimard, 1976.

Klein Mélanie / Rivière Joan, L'amour et la haine, Petite Bibliothèque Payot, 1968.

Lévy A., Évaluations étymologique et sémantique du mot secret, in **Nouvelle Revue de Psychanalyse n° 14**, Paris, Gallimard, 1976.

Margolis G.J., Identité et secret, in **Nouvelle Revue de Psychanalyse n° 14**, Paris, Gallimard, 1976.

Marson P., 25 mots clés de la Psychologie et de la Psychanalyse, Marabout, Bruxelles1993.

Maurey G., Secret, Secrets De l'intime au collectif, De Boeck Université, Bruxelles1999.

Miller L – Rustin Ma– Rustin Mi – Shuttleworth J., L'observation attentive des bébés, Éditions du Hublot, 1997.

Pasini W., Éloge de l'intimité, Petite Bibliothèque Payot, Paris, 1991.

Skrypczak J.F. – Burlet R., 1 à 3 ans vers une personnalité autonome, Chronique Sociale, Lyon, 1983. Nouvelle éd. 2000.

Smirnoff V.N., Le squelette dans le placard, in **Nouvelle Revue de Psychanalyse n° 14**, Paris, Gallimard, 1976.

Tisseron S., Secrets de famille, mode d'emploi, Ramsay, Coll Marabout, Paris, 1996.

Winnicot D.W., L'enfant et sa Famille, Petite Bibliothèque Payot, 1957.

Zempléni A., La chaîne du secret, in **Nouvelle Revue de Psychanalyse n° 14**, Paris, Gallimard, 1976.

Evan Imber-Black., Le poids des secrets de famille, Réponses/ Robert Laffont, Paris, 1999.

Conférences

Tisseron S., « La filiation empoisonnée par un secret », Conférence dans le cadre du Colloque Européen à l'initiative du Réseau Européen des instituts de la Famille. « La transmission dans la Famille : secrets, fictions et idéaux. » Lyon, mai 2000.

Tisseron S., « Sous le poids du secret de Famille », Conférence organisée par l'association « Paroles d'enfants », Genève, novembre 2000.

Revues

Différences, (Journal de L'ANCCEF : Association nationale des Conseillers Conjugaux et Familiaux). Conférence de Serge Tisseron, Strasbourg, 30 juin 1998, Secrets de Famille, Mode d'emploi. N° 76 – septembre 99.

Psychologie, Dossier, Les secrets de famille : *ils pèsent sur notre destin.* Avril 1999, n° 174.

Cours Hebdomadaires

Averbuck C., Psychologie de l'enfant – Approche psychanalytique. Université Catholique de Lyon. (DEUG de Psychologie).

Clidassou C., Psychologie Générale, Université Catholique de Lyon. (DEUG de Psychologie).

Charazac M., Psychanalyse, Université Catholique de Lyon. (DEUG de Psychologie).

Rodet C., Relations entre les générations, Université Catholique de Lyon. (DEUG de Psychologie).

Si vous désirez contacter **Martine Quesnoy-Moreau**, pour toute question relative à l'ouvrage ou si vous êtes intéressé par **un accompagnement individuel**, voici ses coordonnées :

Portable : 06.30.45.39.74
E-mail : martine.qm@wanadoo.fr

Pour tout renseignement concernant **des formations**, veuillez contacter :

Le centre de conseil et formation

Reliance

Martine Quesnoy-Moreau est formatrice en relations humaines.
Elle est responsable du développement des activités de Reliance sur Lyon.

Ce centre, basé à Grenoble, conduit des actions de formation et d'accompagnement, en direction de trois champs d'activité : l'entreprise, le secteur Socio-éducatif et les particuliers.

Une formation approfondie à la méthode ESPERE, est également proposée pour les professionnels ou bénévoles engagés dans la formation, l'écoute et la relation d'aide.

Pour toute information sur les activités du centre Reliance et les formations spécifiques sur « **Les effets des secrets de famille** », vous pouvez consulter le site Internet :

www.centrereliance.com

Ou adresser votre demande à l'adresse suivante :

Reliance
28, rue Emile Gueymard
38000 Grenoble

E.mail : mqm@centrereliance.com

Contact direct à **Lyon** : Tel/Fax : 04.78.81.06.14